# DOMINGOS
# DE TANTA LUZ

*Para el Ilustre
Martiniano Raúl Choo
Con gran admiración
y un abrazo
fraternal...
Emiliano J. Salcedo
Vaimpa
18 julio 2019*

# Gabriel Cartaya
## Bijagual, Santiago de Cuba, 1951

Profesor, historiador y editor. Ha publicado diversos artículos y ensayos sobre la obra de José Martí, en periódicos y revistas. Se han publicado sus libros *Con las últimas páginas de José Martí*, Editorial Oriente, 1995; *El lugar de Martí en 1895*, Ediciones Bayamo, 2001; *Luz al universo*, Gente Nueva, Habana, 2006 y *De ceca en meca* —cuentos— Editorial Betania, España, 2011. Ha participado en múltiples eventos, nacionales e internacionales e impartido conferencias sobre José Martí en Cuba y en el extranjero. Es Máster en Estudios sobre América Latina, el Caribe y Cuba por la Universidad de La Habana. Actualmente es editor en español del periódico *La Gaceta* —en Tampa, ciudad donde vive— y director de la revista *Surco Sur*, de arte y literatura hispanoamericana.

# DOMINGOS DE TANTA LUZ

## Gabriel Cartaya

Todos los derechos son reservados.
Está rigurosamente prohibida la reproducción total o parcial de este libro en ninguna forma, mecánica o electrónica; sin la autorización escrita del autor.

Sobre la presente edición:

© Ediciones SurcoSur, 2019
© Gabriel Cartaya, 2019

Edición: Alberto Sicilia
Perfil editorial y diseño: Leonardo Orozco

ISBN: 978-1-090-11859-2

Ediciones SurcoSur
216 W Hamiller Ave.
Tampa, FL, 33612
surcosurediciones@gmail.com

*A Pedro, hermano
que va conmigo*

*Allí donde los astros son robustos
Pinos de luz, allí donde en fragantes
Lagos de leche van cisnes azules,
Donde el alma entra en flor, donde palpitan,
Susurran, y echan a volar las rosas,
Allí, donde hay amor, allí en las aspas
Mismas de las estrellas me embistieron.*

Del poema «En torno al mármol rojo».

JOSÉ MARTÍ

Dos Ríos, *Carlos Enríquez, 1939.*

# Pequeño introito

Los prólogos deben ser cortos para que la obra del creador luzca mejor. Y, con más razón en el caso de las obras líricas —y útiles— como la de Gabriel Cartaya. Martí consideraba la pequeñez una virtud, una fuente de belleza: la antesala era linda y pequeña, —escribió en el primer capítulo de *Lucía Jerez*— como que se tiene que ser pequeño para ser lindo. Y, Gabriel Cartaya en *Domingos de tanta luz* crea una obra pequeña y linda al evocar los veinte últimos domingos de la vida del Maestro.

Se trata en este breve volumen de retextualizar en forma sintética, uniendo datos, textos, cartas y voces, los momentos más dramáticos y álgidos de la vida martiana, los momentos en que consagró todas sus fuerzas a la faena de fundar una nación, y con inteligencia y astucia se dedicó a la preparación de la guerra necesaria para crear la nueva patria. Pero no es esta una simple re-narración de materiales biográficos ya conocidos y relacionados con la invasión de la isla. En forma reunida el autor orquesta todo lo que sabemos, todo lo que se ha publicado de y sobre los meses finales de la vida martiana. Llenando los espacios vacíos para crear así una crónica larga de uno de los períodos más atareados y atribulados de su existencia. Y, como consecuencia, lo que resulta es una biografía, una historia de la creación de la nación cubana —de la república independiente y moral— pero, vista desde la actividad, las emociones, las preocupaciones, los temores y los pensamientos —inclusive los más tiernos e íntimos— de Martí. Pero, debido al hecho de que Cartaya construye un panorama vasto, su libro es más que un simple relato en torno a las peripecias de la vida martiana; abarca vidas convergentes, la de los individuos que lo ayudaban en su labor revolucionaria y los que estaban muy cerca del Apóstol —físicamente— o presentes en su memoria, mientras se dedicaba a la labor de recaudar fondos, hablar a los tabaqueros, a los generales, a los miembros de la emigración, o a las autoridades norteamericanas en el instante de re—organizar la revolución después del fracaso de Fernandina, en fin, todo, hasta que la voz martiana se extingue en el campo de Dos Ríos.

Dijimos al iniciar este proemio que *Domingos de tanta luz* es una obra lírica. Su lirismo se evidencia en los apartados, organizados semana por semana desde el 6 de enero hasta el 19 de mayo, narraciones todas transidas de emoción poética. Cada entrada de los veinte domingos lleva su título apropiado, acertado, evocador: yo soy la yerba de mi tierra, estamos haciendo obra universal, voy con la justicia, o, el último, en peligro de dar mi vida. Cada pequeño capítulo rebosa esencias, las esencias que Martí buscaba y valoraba en el verso, en la prosa, en las obras plásticas, en la vida. Y en cada capítulo el autor revela su conocimiento profundo de los textos martianos y de la crítica en torno a Martí. Es un libro emocionante, y además es una obra original porque en un solo volumen recoge y acopia lo que en otras crónicas y narraciones pertenecientes a la bibliografía pasiva habría que buscar en obras separadas. Es, en fin, una obra útil escrita con amor, dedicación y sensibilidad.

IVÁN A. SCHULMAN
*San Agustín, Florida*
*Enero de 2002*

*Retrato al óleo del pintor sueco Herman Norman, hecho a José Martí en su oficina de Nueva York.*

# Introducción

Para José Martí los días vividos fueron tan fecundos como hermosos, porque en todos —incluidos los de sufrimiento viril— tuvo el pecho desbordado de amor, el sentimiento más puro en el camino de la mejor utopía alcanzable. Mirarlo a través de sus últimos veinte domingos, es porque traen una razón más para admirarle: sentirlo, cuando lo ha entregado todo —familia, comodidad, títulos —, dando también sus días de descanso y todavía un sino de sacrificio eligiendo un domingo para arrebatarle la vida.

El recorrido por los dominicales martianos de 1895 resulta reconfortante. En ellos emerge su condición humana en toda la estatura de hombre de acción y pensamiento: organiza la revolución cubana, vertebra la unidad, proyecta un esfuerzo continental y se esfuerza en convencer a los dirigentes, hasta el final, de los procedimientos políticos que debían asegurar, a más del triunfo militar, el logro republicano; lo vemos metido en un tren, en un barco, a caballo o a pie, desde Norteamérica hasta el Caribe, echando sobre sus hombros un proyecto de independencia, paz, justicia y desarrollo para millones de americanos. Y hombre al fin, sencillo y bueno, prendiéndose con el alma a los cariños más íntimos de su corazón: a la casa de Carmen Miyares, con las niñas que quiso como a hijas y a quienes les va contando todo su camino; a los amigos del alma, los de revolución y los de la vida—; al hogar de Máximo Gómez en Montecristi, donde quiere y es querido; a los bohíos de la manigua cubana, llegado al fin a su plena felicidad.

Aunque la promesa de este texto es encontrarnos a José Martí en jornadas de domingo —las veinte que vive el año 1895—, el horizonte es mayor: afloran sus ocupaciones y preocupaciones en el lugar donde está cada uno de esos días, pero desde ellos se extiende a todos los meses difíciles entre enero y mayo. Es un tiempo en que todos los esfuerzos se tensan para hacer estallar la guerra desde comenzar el año. Padece el fracaso de las tres expediciones en el puerto floridano de Fernandina, decide de todos modos el alzamiento del 24 de febrero con los máximos dirigentes en la emigración —él y Gómez en Santo Domingo, Maceo en Costa Rica—, determina la incorporación de ellos en condiciones precarias, entran a las playas cubanas casi como náufragos, anda a pie con un puñado de hombres por unas montañas abruptas donde los persiguen cientos de enemigos, con una entereza y capacidad que admiraron todos los que le acompañaron. Lamentablemente, cuando esta primera etapa de la guerra estaba prácticamente vencida, acaece el más fatal revés que ha tenido la revolución cubana en todos sus tiempos: la caída en combate de su genial conductor.

Los hechos históricos que aquí se presentan han sido, en mayor o menor medida, tratados por la historiografía. El importante trabajo del investigador Ibrahim Hidalgo Paz ofrece, en *José Martí. Cronología. 1853-1895*, las actividades principales del Maestro en muchos de estos días. El libro *Martí en Santo Domingo*, de Emilio Rodríguez Demorizi, siempre será imprescindible para conocer el paso del Apóstol por ese país, tan próximo física como espiritualmente a Cuba. Otros autores están señalados en las fuentes bibliográficas, por mínima que resultara su información para este empeño. Y claro, quién sabe cuánta lectura ocasional trajo luz a estas líneas, aun cuando sea imposible recordar título, autor y lugar. Con todo, son las letras del Apóstol la fuente privilegiada.

No es el rigor de la ciencia histórica, sin eludirla, el camino sobresaliente de estas cuartillas. Hay préstamos de la literatura: giros, recursos, uso de tal vez, quizá, indicando probabilidades en determinado accionar o pensar. Ello se aparta, por momentos, de las exigencias probatorias acostumbradas en la disciplina de marras, a favor de una mirada más detenida en los surcos de la subjetividad. Por otra parte, hay criterios que difieren de los establecidos —proponiendo, en algún caso, una nueva fecha para letras del Apóstol—; se ofrecen elementos novedosos a la interpretación de acontecimientos ampliamente abordados por prestigiosos historiadores, como la reunión de La Mejorana, el plan inicial de constituir el gobierno en la región de Manzanillo —expuesto por primera vez en *Con las últimas páginas de José Martí*, un pequeño libro que publiqué en

1995—, o especificidades en torno a las circunstancias que rodearon su caída en combate. Con ello, se aspira a contribuir con limpieza a la discusión fértil, al conocimiento, a la comprensión y el cariño, desde la firme creencia de que el mejoramiento humano a que José Martí dedicó todos sus días, incluidos los del descanso dominical, se expande cada vez que nos acercamos a su palabra, a su mirada, a su destino de sacrificio y amor.

Para encabezar cada una de las 20 reseñas se ha elegido una frase de José Martí, que aunque escrita en el torbellino de los graves acontecimientos que está relatando, aun en los de naturaleza militar, aflora el exquisito poeta y escritor que tanto admiramos.

## 6 DE ENERO
### El reposo del salto

Traía en la cabeza el viaje reciente hasta el puerto de Boston —miércoles, 2 de enero de 1895— y le duraba aquel contento. Allí vio anclado al Baracoa y al detener los ojos en las bodegas, pensó en el cargamento que les aguardaba. Podía sonreír, equilibrando la balanza en la imaginación: por diez machetes de peso, cabe un Remington; por cinco azadas, cincuenta cápsulas; en fin, hombres y armas esperando las últimas disposiciones para lanzarse a la mar. Por los tres barcos, fletados con el pretexto de trasladar instrumentos de trabajo a Centroamérica, se alegraba, mas este tenía un algo especial, no sólo porque era el más grande —un carguero de casi 400 toneladas— sino porque en este él viajaría a la Isla. El Lagonda zarpó dos días después hacia Fernandina y, ya cargado, seguirá a Costa Rica donde lo esperan Antonio Maceo y su grupo, para de allí seguir hasta el punto oriental de Cuba en que desembarcarán; el Amadís —ya rumbo al sur también— pasará por Cayo Hueso a recoger a Carlos Roloff y Serafín Sánchez, y de allí seguir navegando hasta las costas centrales del país en armas. Al Baracoa, en vísperas de zarpar de Boston, le pasó las manos por la cubierta con la ilusión de que pronto desde ella diría adiós a la Florida, se encaminaría para Santo Domingo a hacerle espacio al máximo jefe militar y ya nada les detendría hasta llegar a la región de Camagüey.

Vivía el primer domingo del nuevo año, pero también el último relativamente tranquilo para él. Su obra preparatoria de tres años estaba hecha y llegaba la hora de desatar las amarras de tres embarcaciones que saldrían hacia Cuba. Hacía casi un mes que él redactó en Nueva York el Plan de Alzamiento, que a su lado firmaron José María Rodríguez (en representación de Máximo Gómez) y Enrique Collazo (a nombre de los revolucionarios que permanecían en Cuba), donde le afirma a los revolucionarios que están dentro de la Isla, a través de Juan Gualberto Gómez, que «toda la colaboración de afuera está en marcha».[1] Después, no se cansa de escribir: A Gómez, Maceo, Serafín, Juan Gualberto, Fraga, Julio Sanguily... Desde aquellas indicaciones para el levantamiento, decenas de cartas suyas fueron llegando a manos de los revolucionarios que él había unificado para completar la independencia hispanoamericana.

Aunque por momentos le ocupaba una esquina del cerebro una persistente inquietud a causa del guía que Serafín Sánchez seleccionó para la expedición del Amadís —Fernando López de Queralta—, la semana había sido dichosa.

Ya estaba en el bolsillo de Manuel Mantilla la carta que escribió para Antonio Maceo, para que al lle-

---

[1] José Martí. *Epistolario*. Compilación, ordenación cronológica y notas de Luis García Pascual y Enrique H. Moreno Pla. Editorial de Ciencias Sociales, La Habana, 1993. Tomo IV, p.362.

gar el Lagonda a recogerlo a Costa Rica, el bravo general supiera que «ya yo me le habré adelantado en el camino»,[2] pensando que su «Baracoa» ya estaría acercándose a las costas cubanas. Creía ese domingo que dos días después iba a estar viajando en tren hacia el puerto del sur. Con esa tensión, acrecentada por el secreto con que guardaba el proyecto, debió compartir algún pedazo de esa tarde de invierno neoyorquino con amigos muy queridos —Gonzalo, Benjamín, Gualterio, Miranda—; sentarse a la mesa de comer con una mirada compasiva y amorosa en el rostro de Carmen Miyares, tranquilizándola por el inminente viaje de Manuel, el hijo mayor de esta mujer buena, que navegaría en el Lagonda rumbo a Florida con un nombre clandestino. La cena se alegraba con las voces de las niñas, Carmita y María, que unidas a la mamá se irían también en su corazón. Para él, sólo tuvo un instante de sosiego ese domingo, saboreado con la sensación de estar viviendo «el reposo del salto», como escribió a un amigo.

[2] Ídem, Tomo V. p. 7.

*José Martí con María Mantilla, Long Island, Nueva York, 1890.*

# 13 DE ENERO
## No miro a lo deshecho, sino a lo que hay que hacer

Para José Martí, que era friolento, el 13 de enero de 1895 fue el domingo más frío de su vida, atenazado hasta las entrañas con las noticias del fracaso. Le avisaron por cable a Nueva York que los barcos habían sido denunciados y que ya al Lagonda le habían confiscado el cargamento en el puerto de Fernandina. Fue la noticia más desgarradora de toda su existencia, más dura que el instante de la cárcel y el destierro, más grave que el instante en que la esposa se fue de su lado, llevándose a su hijo. ¿Cómo pudo ocurrir? ¿Se infiltraron los espías por la brecha de López de Queralta? Con desespero, indignación y dolorosa impotencia corre hacia allá, atajando a duras fuerzas su identidad al llegar a un puerto convertido en un avispero de policías, espías, agentes federales y curiosos. Pero sabe que el golpe de gracia sería su propio apresamiento. Se aparta con el corazón deshecho, despacio, cabizbajo, hasta el hotel Travellers, en Jacksonville, donde apenas abre los labios con el nombre falso de anotarse.

El desastre era demasiado grande para que le cupiera en la cabeza. La primera explicación fue más amarga porque emergía con el rostro despreciable de la traición y ligada a un patriota que no sólo había ascendido a Coronel en los Diez Años, sino que era de toda la confianza de Serafín Sánchez y Carlos Roloff. La modificación que aquel hombre propuso al plan, ante ojos desconfiables en una oficina de corredores de barcos, pudo descubrir la factura militar del cargamento. Y aún cuando López tuvo que ceñirse al diseño inicial de los tres barcos que ya estaban fletados, se abrió peligrosamente el secreto. ¿Hubo intención?, ¿hubo dinero?, ¿hubo maldad? Todavía una semana después, al escribir a Gómez, mantiene esta primera impresión: «La cobardía, y acaso la maldad de López de Queralta, entregó nuestro plan entero».[3] Pero ese mismo domingo se alza del desastre con todas las fuerzas que tenía. La primera acción para resarcirse del daño es la reunión que desarrolla ese día con sus más cercanos colaboradores, Mayía Rodríguez y Collazo, también acabados de llegar a Jacksonville. También llegó Gonzalo de Quesada, acompañado del abogado Horatio Rubens, quien peleará ante los tribunales por la recuperación de la carga incautada. El temor a que pudieran atribuirle culpas se desvanece. En el rostro de ellos no encuentra reproches, sino respeto grande, admiración creciente y una confianza enorme que le devuelve la vida. No se imaginaban —ni las masas al aclamarlo— el tamaño increíble de su obra callada, los amarres perfectos de su extraordinaria labor clandestina. Aparecía ahora, ante ellos, como el más audaz, sabio y valiente de los conspi-

[3] Ibídem, p. 23.

radores que a través de todos los tiempos habían preparado una expedición armada. Agradeció y se levantó a trabajar.

Valorada la realidad exterior e interna de la isla, se decidió el quehacer inmediato en los dos escenarios. Se comunicaría urgente con Juan Gualberto Gómez, coordinador en Cuba del alzamiento, sustituyendo el lamento inútil con la declaración de que «renuevo inmediatamente por distinto rumbo, la labor que la cobardía de un hombre ha asesinado».[4] El primer pensamiento es darle libertad de decidir al líder habanero, pues si en la isla están todas las condiciones para el alzamiento deben determinarlo, aún cuando los grandes líderes no lleguen con la celeridad y recursos que preveía el plan interrumpido. Pero que sientan toda la confianza en que la dirección y las emigraciones —«más cariñosas hoy que nunca»— no defraudarán jamás a la Patria que los reclama.

En el mismo hotel se trazan los pasos inmediatos. Unos viajarán a Tampa, otros a Cayo Hueso. Los abogados Horatio Rubens, tan gran amigo de los cubanos, y Gonzalo de Quesada, se encargarán de los pasos legales y de todos los artilugios para recuperar cuanto se pueda. Él viajará enseguida a Nueva York acompañado de Manuel Mantilla y de Patricio Corona, que por suerte pudieron escabullirse de la operación contra el Lagonda. Al llegar a Nueva York, entre el olor a espías a cada paso, pensó en la necesidad de un refugio clandestino. Tocó en la puerta no. 16 ocste, en la calle 64, y encontró los

[4] Ibídem, p. 17.

brazos abiertos del doctor Ramón Miranda. Al amanecer del día siguiente, con la infinita riqueza de su voluntad y su cariño, comenzó a tejer las nuevas redes para llegar a la guerra necesaria.

## 20 DE ENERO
### En mi alma no hay muerte

El amanecer del domingo 20 de enero, en la casa de Ramón Luis Miranda encuentran a José Martí más sosegado. La familia toda se empeña en hacerle sentir como en su propia casa. Una hija de Ramón —Angelina— está casada con su gran amigo y colaborador Gonzalo de Quesada, quien entra con las noticias candentes de la obra clandestina o sale con las emanadas del Delegado a esparcirlas por los canales inmediatos de la revolución. Lo mejor es que ha logrado ir recuperando una buena parte de la mercancía embargada. Hace dos días tuvo la buena noticia de que el Lagonda quedó liberado y la aduana devolvió las arcas retenidas. Comprende que necesita algo de descanso, después de tan arduas jornadas. Ha escrito mucho durante la semana, apretándose cada día las sienes para reencontrar rumbos. A Juan Gualberto le insistió, el jueves 17 y con más detalles sobre el revés sufrido, en la decisión de liberar a los guías internos del país, para que si creen juicioso decidan el alzamiento sin la conjunción de afuera, que aunque más dilatada, irá. Ese es mi primer pensamiento. Ayudar, sí. Oprimir, o encabezar a la fuerza, no. Pero puede Juan

Gualberto estar seguro de su declaración: «Sin día de pérdida, y sin haber perdido un solo respeto y ayuda, emprendo la nueva labor».[5]

En las vísperas de este domingo ha tomado nuevas resoluciones y las escribe a los más grandes jefes militares. A Gómez le cuenta que el cargamento parece va a recuperarse y que lo mejor está salvado: «la disciplina y el respeto de la isla».[6] Y le confiesa la determinación que acaba de tomar: él partirá pronto, acompañado de Mayía Rodríguez, hacia Santo Domingo, a reunírsele en su casa de Montecristi donde además del júbilo por las nuevas vías que encontrarían juntos para salir hacia Cuba, tendrá el placer de volver a ver a su familia, especialmente a Panchito, que quiere como a hijo.

Sin pararse de la mesa escritorio de Miranda, separa con los finos dedos otro papel y lo encabeza: Sr. General Antonio Maceo, mi amigo muy querido, y desborda la pluma con más fe que pesar, explicándole la desgracia de la semana anterior con más detalles que a nadie, pero asegurándole que aún con la gravedad de ese revés, no se ha perdido el respeto cubano. Le explica las variantes con que podrán responder a la situación de la isla, que al levantarse muy pronto en armas, no le faltará en breve la dirección y empuje que de ellos espera. Asimismo, le expone la modificación del plan con que podrá salir de Costa Rica, al menos con 25 o 30 hombres, pero en una embarcación que ahora deben conseguir allá y para cuya empresa él podrá enviarle unos dos

---

[5] Ibídem, p. 19
[6] Ibídem, p. 23.

mil pesos, que es lo máximo que puede ofrecerle en las nuevas condiciones. «¿No es esta la hora?, ¿no es este su corazón?», le pregunta ansioso, esperando que no habrá trabas provenientes de un hombre de tanta grandeza.

Todavía, antes de dejar el asiento, una nota a Alejandro González, quien por petición suya se había ausentado del hogar a cumplir una misión relacionada con la empresa de Fernandina y que, al ser entorpecida, podía volver a su casa. Y con su característica delicadeza, de tanta riqueza humana, escribe una línea para Emelina, pidiéndole disculpas por el viaje en que ocupó a su esposo, y, sin falta, les pide que le quieran.

Con todas estas ideas rondándole en su veloz pensamiento se levantó ese tercer domingo de enero, fortalecido con los nuevos rumbos encontrados y sintiendo en la charla constante las palabras finales que el día antes le destinó a Alejandro: «En mi alma no hay muerte».[7]

---

[7] Ibídem, p. 27.

*Perfil de José Martí tomado al natural*, por Cecilio Almeida Crespo, 1893.

## 27 DE ENERO
### Hay mucho que vencer

Sabía que era el último domingo suyo en Nueva York, donde había vivido tanto tiempo. Aquí llegó a los veintisiete años otro enero y ahora, mañana mismo, iba a cumplir cuarenta y dos. ¡Qué vísperas de natales!, esperando con creciente impaciencia que respondiera por Cuba Juan Gualberto Gómez, para acabar de decidir el alzamiento y volar hacia la isla de un modo u otro.

Por el trasiego disimulado en casa de Miranda, sospechó que algo le estaban ocultando. Los amigos de la familia —que lo eran suyos, como la vecina Blanche y su esposo Luis Baralt—, se enredaban por esquivar a sus ojos lo que estaban tramando, pero más trabajo le dio a él mirarles sin picardía cuando comprendió que le preparaban a escondidas el cumpleaños.

Pero las preocupaciones más serias no se apartaban de su cabeza. En la carta del día anterior destinada al más alto representante del Partido Revolucionario en Cuba, reflejó su impaciencia por el extraño comportamiento de Julio Sanguily, al que habían concebido como jefe militar para el Occidente de la isla cuando se desatara el alzamiento.

Éste hizo llegar «revueltas» noticias, donde él encuentra un sospechoso comportamiento. Le preocupaba esa autoridad y exigencia expresada por el militar habanero: «A Gener (J.Sanguily), ¿cómo hacer lo que pide —hacerlo árbitro y dueño, y $ 3500 más?»[8] Parece que el militar se atrevió, además, a dar lecciones al Apóstol sobre cómo actuar en la emigración y relacionó el fracaso de la Fernandina con un comportamiento de bisoños. El «hay mucho que vencer» que le dice a Juan Gualberto, tenía no sólo referente a todo lo que había de juntar afuera y adentro para desatar la guerra y cuánto había que burlar el espionaje enemigo, sino, también, la necesidad de oponerse a actitudes oportunistas en las mismas filas de la revolución, donde las ambiciones personales pueden provocar enormes daños a la patria. Estos temores no podía abrirlos totalmente ni al mismo Juan Gualberto de su confianza, pues la discreción lo obligaba a hablar a medias, por mucho que desdeñara ese modo de expresión incompleta.

Hay otra inquietud aquel domingo. Aunque el viernes recibió el telegrama donde le avisaron que el cargamento del Amadís también había sido devuelto, la comunicación alertaba sobre otra artimaña: George Kimball, dueño de aquel vapor, había presentado «una extraña e injusta reclamación»,[9] como le cuenta a su amigo Tomás Estrada Palma en breve carta del día antes. Aquel hombre exigía un resarcimiento monetario presentado por violación del contrato. Pero esto podía ocasionar un nuevo

---

[8] Ibídem, p. 29.
[9] Ibídem, p. 30.

peligro, en el caso de que la publicación del hecho pusiera en evidencia sus próximos empeños.

De todos modos, la preocupación más grande del Maestro está en la espera de la respuesta de Juan Gualberto acerca de las condiciones que hay en la Isla para lanzarse a la manigua, pues de ello dependen sus pasos inmediatos. «Muy inquieto espero. Sin esa base, andaría al garete. Con ella, sigo seguro»,[10] vuelve a escribirle al día siguiente, en medio de su aniversario. Él no quiere tomar una decisión definitiva, ni mostrarse consejero de lo que hay que hacer dentro de Cuba por temor a parecer «deseoso de que no se pusiese mano inicial mientras la obra que represento no la pueda poner».[11] Cuánta sensibilidad en el dirigente revolucionario al calibrar sus atribuciones, cuidando la autoridad en todos los escalones de la dirección, pero convocando con el ejemplo a que no se desate el sacrificio a destiempo, sin el concierto y autoridad que debía hacerlo triunfador.

Los desvelos del domingo se alivian con el cariño que le rodea y que lo resguarda para el brindis del día siguiente en el restaurante Delmónico, al que fue de incógnito en un coche bien forrado, con las atenciones de una comida que le complacería detalles de sus gustos y acompañada con el vino de su preferencia. Se acostó tarde en la noche, como casi siempre, cuando se le acabaron los cuarenta y un años. Buscando sosiego para la entrada del sueño que tanto necesitaba, repasó retrospectivamente sus

[10] Ídem.
[11] Ibídem, p. 31.

cumpleaños, hasta aquellos lejanos de la niñez al lado de los padres y las hermanas; pero en vez de dormirse, sintió crecer el frío y la soledad. ¿Cómo iba a saber, después de todo, si este sería el último de su vida?

## 3 DE FEBRERO
### Levantando la Patria a manos puras

Amanece. Ha desembarcado y ahora puede ver bien a Fortune Island, donde llega muy entrada la noche del sábado. Aquí vive un domingo de descanso físico, conversando con los compañeros de viaje —Mayía, Collazo, Manuel— y con hombres de la tripulación del Athos —vapor en que viajaba hasta Cabo Haitiano—, y por momentos con gente de paso o lugareña.

El martes había enviado, por fin, la orden de alzamiento a Juan Gualberto Gómez y aquí iban con él los otros dos firmantes. Ahora hablaban del impacto que esa resolución estaría desatando en la isla, donde en la segunda quincena de este mismo mes se encenderá la insurrección. Justamente hacia allá iría él, cuando se juntara con El Viejo que lo esperaba en Santo Domingo.

Al precipitarse su salida con la autorización al estallido armado, tuvo que valerse de sus más cercanos colaboradores para la coordinación de los detalles del exterior. La misión inmediata más importante la dejó en manos de Gonzalo: el viaje a Tampa y Cayo Hueso con el mensaje clandestino destinado a Juan Gualberto en La Habana —el que llegó entre las capas de un tabaco torcido en West Tampa— y levantar recursos con que reemplazar lo perdido; pero quiso acompañarlos de cartas y notas que escribió en la mañana del miércoles a los más conspicuos patriotas de esas ciudades, para que lo atendieran y lo miraran como a él. A Ramón Rivero le dice: «Gonzalo y ustedes serán enseguida mi solo corazón». A Paulina y Ruperto Pedroso que, «estoy levantando la Patria a manos puras» y «quiéranme a Gonzalo». A Pedro Gómez: «Ya antes de que Gonzalo de Quesada le presente esta carta, se habrá puesto Ud. a seguirlo, con sus ojos de padre, y a bendecirlo, lo mismo que a mí. Lo merezco y él también». A Fernando Figueredo: «Gonzalo va en mi lugar». A Poyo: «Gonzalo de Quesada es mi carta [...] quiéralo [...] júntense [...] Que se oiga bien en Cuba. Que nos vean la vida».[12]

A todos ese desvelo, tocando las fibras más hondas de sus compatriotas ya amigos —las fibras del amor— para que al joven Secretario del Partido Revolucionario Cubano, que iba por primera vez a esos lugares, le fuera fructífera su labor.

Al mediodía, un momento antes de subir al vapor, escribió con prisa a Antonio Maceo: «Salgo [...] la isla salta [...] Sólo falta llegar».[13] Le alcanzaba todavía la emoción del adiós a Nueva York, del que se despidió con alegría y tristeza, privándose de delicados afectos. Sabía que no podía engañarse, atribuyendo asaltos de tristeza a la pérdida del concierto que al día siguiente ofrecería el maestro

---

[12] Ibídem, págs. 44,45,46,47.
[13] Ibídem, p. 54.

Miguel Castellanos en Fifth Avenue Hall, donde con seguridad incluiría a Chopin, con cuya música siempre se había conmovido.

Todo emergía este domingo desde las brumas de Fortune Island y lo hacía comprender que la nostalgia no lo iba a abandonar. Ya el día antes, al mirar atrás desde la cubierta, en las estelas se dibujó otra vez la casa de Carmen y se sentó a escribir, con el balanceo del barco, a la pequeña María: «Tu carita de angustia está todavía delante de mí, y el dolor de tu último beso». Acaba de marcharse y ya quiere saber todo lo que ha hecho en estos tres días sin verla. Un hombre tan necesitado de ser querido, quiere al partir que su presencia siga en el corazón de la niña y para que lo recuerde aprendiendo —no sólo que aprenda a recordarlo— le pide que vaya haciendo como una historia de su viaje, con lo que aprenderá a conocer los lugares por los que él va pasando. También le escribe a Carmen, la hermana de María, para que sepa que ni este mar nuevo, ni este cielo claro, hacen que él la olvide. Le cuenta del camino, de Cat Island, de Watling's Island, que muchos creen que esa es la primera tierra de América que vio Colón. Y detrás de esta oración la exclamación incontrolada: «¡Tan cerca de Cuba, y todavía tan lejos!»[14] Este es un día tranquilo para su cuerpo, caminando despacio, mirando al mar, aunque su cerebro no encuentra reposo.

Después le escribe a Gonzalo, detallando lo que hay que hacer, pero antes desborda su infinito agradecimiento hacia aquella familia que lo hospedó

[14] Ibiden, p. 57.

con tanto cariño en días difíciles. «¿No me sienten en la casa, apegado, presente, resuelto a no irme?». Pero tan grande como el cariño, es la obra que había que hacer. Toda la carta de este domingo tres de febrero es el entresijo de la extensa conspiración, dentro y fuera de la isla y los amarres de esa potala los seguía él atenazando por el mar, mostrando la misma seguridad con que el capitán del Athos levantaría sus anclas al día siguiente, a la hora de partir a Cabo Haitiano.

**10 DE FEBRERO**
## Yo soy la yerba de mi tierra

Estaba otra vez en Montecristi, a cuya playa llegó con las primeras claridades del jueves. «Tenemos al Maestro a nuestro lado, y estamos muy contentos»,[15] le escribió Panchito Gómez Toro, con emoción, a Gonzalo de Quesada. La primera alegría al llegar a tierra fue cuando, acabado de desembarcar en Cabo Haitiano, se encontró con el cablegrama en el que Gonzalo giraba, ¡qué pronto!, la suma de dos mil pesos recaudados en su querida Tampa. No puede contenerse y al instante le escribe: «¡Qué no habrá sido aquello! Ahora amará Ud. a Cuba más, y le conocerá más las raíces».[16] Con ese contento subió al bote, al que se incorpora también Ángel Guerra —veterano de la Guerra de los Diez Años— para el pedazo de camino que aún faltaba para llegar a la casa del General Máximo Gómez.

Este domingo en Montecristi, a pesar del intenso trabajo que le esperaba —al día siguiente saldría otra vez de viaje— ofrece al Apóstol diversos motivos de satisfacción. Primero por estar en uno de

---
[15] *Papeles de Panchito*. Selección, prólogo y notas de Bladimir Zamora. La Habana, Editorial Abril, 1987, p.54.
[16] José Martí. *Epistolario*. tomo V, p. 62.

los lugares apegados a su cariño, y segundo, porque había llegado a uno de los hogares donde se sintió querido. A Montecristi vino por primera vez en septiembre de 1892 y desde el primer día sus habitantes —cubanos, dominicanos— le abrieron los brazos a su causa patriótica y a su ser. Para siempre quedó ligado a la magia de este lugar: a sus clubes revolucionarios, a la Logia Quisqueya, al alto reloj en el centro del parque, al hermoso morro levantado al norte de la ciudad, al cayo de la playa donde hizo prácticas de tiro, a la casa de huéspedes «América»; pero sobre todo, a aquella casa de madera en la calle Núñez de Cáceres, donde vivía la familia del General.

En tres días de largo conversar con Máximo Gómez no hubo detalles de lo ocurrido en Fernandina que no le contara, cuya primera noticia le envió en un intrincado cablegrama —imposible negocio—, aunque en las cartas siguientes le explicara el terrible desastre del 10 de enero. Ahora, lo más importante fue la larga deliberación acerca de cómo iban a dirigir la gigantesca tarea que tenían por delante. En la sala del General también le rodeaban, proponiendo rumbos posibles, Collazo, Mayía Rodríguez, Angel Guerra, Manuel Mantilla y con ellos, incorporado a las tareas con sorprendente responsabilidad para sus 19 años, Panchito Gómez Toro, hijo mimado del dueño de la casa. Estaba claro que la necesidad más apremiante estaba en aunar los recursos para responder al compromiso de hacer llegar a Cuba las expediciones con los grandes dirigentes de la guerra, ellos incluidos. Se manejan nombres, lugares, perspectivas inmediatas.

Fue una suerte que el presidente dominicano de ese tiempo fuera Ulises Heureaux, un sincero simpatizante de su causa, pero debían actuar con suma discreción para ampararles el proceder. También fue una fortuna que el Gobernador de Montecristi fuera Guelito Pichardo, tan amigo de Martí y Gómez como de sus ideales; de todos modos, debían actuar con extrema cautela para burlar el espionaje español. Después de calibrar todas las posibilidades abiertas en Santo Domingo, tomaron la decisión de salir al día siguiente hacia Laguna Salada, donde Gómez tenía una pequeña finca que había nombrado «La Reforma», en homenaje al sitio cubano en que nació Panchito. De allí seguirían hacia Santiago de los Caballeros y La Vega, en búsqueda de apoyo al proyecto de embarcarse cuanto antes para Cuba.

Cuando llegó a Montecristi, encontró la misma devoción y entrega que hacia él y su proyecto había experimentado en visitas anteriores. Todos los amigos —Américo Lugo, Despradel, Jesús Badín—, se esfuerzan en hacer grata su estancia aquí. El amigo más viejo que se encontró en Santo Domingo fue a Joaquín Montesinos, que en esa fecha vivía en Dajabón. Era de origen canario, como su madre, y habían compartido la prisión en las Canteras de San Lázaro, en La Habana, cuando él tenía 17 años. De él, al encontrarlo en su primera visita a Santo Domingo, en 1892, escribió para el periódico *Patria*: «¿Quién mejor que este isleño, podrá llamarse cubano? [...] Pronto va a tener Montesinos la ocasión suspirada de servir a Cuba»[17]. Esta vez, al fundarse el Club «General Cabrera», el 15 de marzo de 1895,

[17] Martí, José. *Obras Completas*. Editorial de Ciencias Sociales, la Habana 1875. Tomo 4, p. 423.

Montesinos fue electo su Presidente, y el óbolo primero de este día ascendió a $316.00.[18]

Pero la casa del General era el mejor remanso. Nunca la podría pintar mejor que como lo hizo la primera vez: «Santa casa de abnegación, a donde no llega ninguna de las envidias y cobardías que perturban al mundo».[19] Allí pudo conversar con todos ese domingo y, en un instante, sonreír al mirar el álbum de Clemencia, la hija de Gómez, donde una vez escribió: «El que piensa en pueblos, y les conoce la raíz, ve que no puede ser esclavo el hombre que vea centellear en tus ojos el alma heroica de la Patria».

También conversó mucho con Maxito, otro de los frutos de la unión Gómez-Manana; y largamente con Panchito, con quien podía recordar el viaje que juntos hicieron por la Florida.

En casa de la familia Gómez-Toro, como en cada lugar dominicano por el que alrededor de este domingo pasó el Apóstol, su palabra de fuego y amor iba abrazando a todos a su alrededor. Fue por esos días que alguien expresó lo que todos sintieron al mirarlo de cerca: «Desde los tiempos de Las Casas no pasaba por aquí un hombre semejante».[20]

---

[18] Rodríguez Demorizi, Emilio. *Martí en Santo Domingo*. La Habana, 1953, p. 391. Nota de referencia *(N. del E.)*.
[19] Martí, José. *Ob. Cit.*, tomo 5. p. 449.
[20] Rodríguez Demorizi, Emilio. *Ob. Cit.* p. 194.

## 17 DE FEBRERO
## Sólo empujan el ejemplo, y el éxito

Desde el día anterior Martí está en La Vega, bonita ciudadela que encabeza el valle del mismo nombre. Por esta villa del Camú ya pasó una vez, en 1892, y recuerda sus calles y su gente. Ahora sus ojos reconocen el parque central donde se alza la Parroquial Mayor, a cuyos cuatro lados se extiende la ciudad, como es común en estos asentamientos fundados por los españoles en nuestra América. Entre las casas que aprecia en La Vega, una atracción especial tenía la de Federico García Godoy, un importante crítico literario que después escribió con emoción aquel momento memorable:

«Eran como las ocho de la noche, [...] De súbito sentí un leve ruido, como si alguien se aproximara. Volví rápidamente la cabeza. En el umbral un hombre blanco, de mediana estatura, de cara expresiva, en el que lucía un espeso mostacho y en que la mirada fulguraba, delatando una intensa vida interior, se erguía sonriente ante mis ojos [...] ¡José Martí!, ¡Un abrazo muy estrecho nos unió...!»[21] En el viaje de ahora ha sentido diversas alegrías: ver en Santiago de los Caballeros al general Francisco Borrero, que viene

---

[21] _____. *Ob. Cit.* p. 294.

de Puerto Plata a reunirse con ellos; hospedarse en la casa de su amigo el doctor Nicolás Ramírez; reírse de un espectáculo del camino al que él se suma como protagonista. Ocurrió el día antes —sábado 16— cuando al desmontarse en un pequeño villorrio a tomar un café, oyó a un haitiano hablarle en francés a un auditorio desconocedor de esta lengua, pero atribuyéndole a la palabra un poder sobrenatural, con la explicación de que esa era la lengua del santo. Al comprender lo que ocurría, se acercó al grupo y lo que ocurre, él mismo nos lo dejó descrito: «Le converso, a chorro, en un francés que lo aturde, y él me mira, entre fosco y burlón». El viejo simulador quedó desacreditado y la gente, al descubrirlo, comienzó a burlarse. —«Mírenlo, y él que estaba aquí como Dios en un platanal». Entonces el haitiano «carga el lío, y echa a andar».[22]

Pero de todas las alegrías, ninguna como la noticia que lo alcanzó en Santiago de los Caballeros. Por cable le avisan desde Nueva York que en Cuba todas las órdenes de insurrección estaban en su lugar. Le han hecho llegar el cable de Juan Gualberto Gómez: «Giros aceptados» y como si fuera poco, le notifican que el 24 de febrero es la fecha elegida para el levantamiento armado en varias partes de la Isla.

Todas estas nuevas provocaron el contento con que asistió este domingo por la tarde, en La Vega, a un baile ofrecido por el Centro de Recreo. Al saber que este era día de carnaval en aquel lugar dominicano, sonrió al pensar que el domingo siguiente —24 de febrero— sería también de carnavales en

---

[22] Martí, José. *Ob. Cit.* tomo 19, p.192.

Cuba, pero allá la fiesta sería un canto, necesariamente armado, a la libertad.

Tanto en las visitas que realiza en La Vega, como en los encuentros públicos con distintos grupos —como en la Plaza del Mercado— Martí y Máximo Gómez se concentran en el problema central que los envuelve: la necesidad de reunir recursos para la guerra, que estaba al borde de estallar. Un testimonio recogido posteriormente sobre el paso de Martí por La Vega lo ofreció San Julián Despradel: «Yo lo vi junto a Zoilo García, en la Plaza del Mercado [...] El dirigió la palabra a los que allí estábamos». Dice que andaba con Máximo Gómez y otros más y que «Martí habló en el mercado con Zamora, un cubano que residió aquí en La Vega y quien buscaba hombres y recursos materiales para la revolución cubana».[23] La confianza depositada por Martí en estos hombres se infiere del envío a Nueva York del principal representante del movimiento independentista en Samaná, con una nota para Gonzalo de Quesada: «Con comisión especial y sólo fiable a un hombre de su mérito va a esa ciudad, a concertar detalles con Tesorería, nuestro noble amigo el Sr. Eleuterio Hafton [...] Pocos hombres hay de su generosidad y reserva».[24]

Aquí terminó el recorrido de aquel día, retornando a Montecristi con sus compañeros, esta vez en una goleta a la que subieron en la Bahía de Samaná. En el viaje de regreso hacen un descanso en Santiago de los Caballeros, que él usa para escribir

---

[23] Rodríguez Demorizi, Emilio. *Ob. Cit.* pp. 498-499.
[24] Martí, José. *Ob. Cit.*, tomo 4. p. 62.

a Gonzalo, Benjamín, Dolores Poyo y Estrada Palma, contándoles hasta lo posible de todo lo hecho y por hacer; también a las niñas, María y Carmen, de cómo las recuerda, necesita y lleva en el alma. Allí, después de remendar las suelas gastadas de sus zapatos, vuelve al camino de Montecristi.

## 24 FEBRERO
## La guerra ha estallado en Cuba

Después de algunos días de recorrido, llega este domingo a Montecristi, sin apartar de la mente que a esa hora ya se han producido varios levantamientos armados en Cuba y, lamentablemente, ellos no han llegado. Del descanso en días pasados recuerda la generosidad con que fue tratado en la casa del doctor Nicolás Ramírez y su esposa Rafaela Pavón, quienes por dar, dieron hasta a su hijo —Miguel Ángel— para que les acompañara en el retorno y ayudara a la comunicación que, en clave, sostendría el Apóstol con Santiago de los Caballeros.

El hogar de Nicolás también fue cómodo para escribir y lo hizo a varias personas, sobre todo a las que tanto quería en Nueva York. A Quesada le expresa el contento por el momento histórico que están viviendo: «Este es tiempo virtuoso, y hay que fundirse en él».[25] Para Benjamín la carta inicia con una frase de extrema síntesis política: «Prever es vencer».[26] A Dolores Poyo su sana gratitud por el artículo que éste publicó bajo el título «Martí». A Estrada Palma

[25] Martí, José. *Epistolario*, tomo V, p. 69.
[26] Ibídem, p.71.

le cuenta la enorme satisfacción recibida con el recorrido de la semana: «Parece lograble [...] cuanto nos era lícito desear».[27] Y como siempre que encuentra una esquina de tiempo, escribe otra vez a las niñas queridas: «Maricusa mía: ¿cuántos días hace ya que no te acuerdas de mí? Yo te necesito más, mientras menos te veo». La regaña, celoso de que pudiera estar más atenta «a los héroes de colorín del teatro, y olvidada de nosotros, los héroes verdaderos de la vida».[28] El regaño es por no haber recibido cartas de ella. Después a Carmen y a Federico Giraudi, a quien cuenta que ya vuelve riendas y en cuyas líneas se le oye respirar la única felicidad que le fue dable: ver tanto cubano entregado con ardor a la causa de la patria. «Cuba no tiene por qué temer: tiene hijos que sólo la abandonarían cuando cierren los ojos».[29] Pero a toda hora vuelve a ese día 24, en medio del quehacer para llegar a la guerra que a esa hora estaba estallando, mientras él y sus compañeros solo podían preguntarse y responderse de mil maneras, sobre cómo andaría el alzamiento en los territorios que confirmaron la realización de aquella hombrada. Con ansiedad creciente por la demora de noticias, tuvieron que esperar hasta el cablegrama que llegó el 26, con las palabras «Revolución en Occidente y Oriente», para saber que, efectivamente, el combate había comenzado. Entonces, con la emoción apenas contenida, escribió en carta conminatoria

---

[27] Ibídem, p.73.
[28] Ibídem, p. 66.
[29] Ibídem, p. 74.

a Antonio Maceo: «La guerra, a que estamos obligados, ha estallado en Cuba».
Esta era su preocupación permanente. Su deber del día estaba en asegurar que llegara a Cuba la dirección principal para sus distintas regiones, aunque ésta tuviera que ir en una uña, como dijo al Titán. Era justamente la salida de este jefe oriental lo que ahora más le atormentaba. Ya toda su tierra ardía y miles de ojos, miles de oídos, estaban anhelantes de ver o al menos oír la noticia de que el General aclamado ya estaba con ellos. A Maceo, más que a nadie, identificaba el sentimiento oriental mambí con la victoria y todos lo sabían.

Sin embargo, un nudo difícil tenía ahora que cortar, como dirigente supremo de la revolución. Maceo solicitó una cifra de seis mil pesos para organizar su expedición desde Costa Rica y aunque después dijo que cinco mil, ni la mitad de éstos tenía el Partido para darle. Así las cosas, Flor Crombet le escribió al Delegado, comunicándole que desde otro punto de ese mismo país él podría, con menos de dos mil pesos, echar al mar a todo el grupo.

Este domingo pensaba en eso. Pero cuando supo que ya se estaba en guerra, y con la suerte de contar con la aprobación de Gómez, corta el nudo gordiano: «Que Flor, que lo tiene todo a mano, lo arregle todo como pueda. ¿Que de Ud. pudiera venirle el menor entorpecimiento? ¿De Ud. y Cuba en guerra? No me entrará ese veneno en el corazón». Al final de esa difícil carta —26 de febrero— está toda la riqueza de sus ansias: «...arréglense, pues, y ¡hasta Oriente!».[30]

[30] Ibídem, p. 79.

Sesenta y ocho días más tarde lo abrazaría cerca de Santiago de Cuba. Mientras tanto, este domingo anda por las calles de Montecristi, al lado del gran Máximo Gómez. Tratan a toda costa de resolver dos problemas inmediatos: gestionar una vía urgente para que Collazo y Manuel Mantilla regresen a Nueva York y alquilar o comprar una goleta donde cupieran los compañeros con que saldría hasta las costas de Cuba.

Aquel esfuerzo, a pesar del buen ojo del gobierno dominicano, debía hacerlo con mucho sigilo, pues la persecución española los presionaba por día. Un ejemplo de ello —muy cercano a este domingo— se evidencia en el destino de Pablito Borrero, un sobrino del General Paquito Borrero que salió con ellos de Santiago de los Caballeros. En el camino hacia Montecristi se separan, siguiendo Pablito a Puerto Plata, desde donde debía —al recibir un mensaje de Martí— viajar hasta Santiago de Cuba a una misión relacionada con el alzamiento del 24 de febrero; pero antes, en una pulpería del camino, fue visto al lado de Martí y Gómez por Cosme Batle, vicecónsul español en Puerto Plata. Le siguió el rastro y al verlo subir a un barco el 26 de febrero, puso el siguiente telegrama a la representación española de la capital: «Embarcóse vapor Manuel Pablo Borrero. Creo conveniente avisar autoridades Cuba». No había acabado de desembarcar en Santiago de Cuba cuando fue detenido. La condena a 20 años de prisión fue a cumplirla a Ceuta, curiosamente al lado de Juan Gualberto Gómez, principal orientador del alzamiento dentro de la isla y apresado al instante de levantarse en armas. Está claro que alrededor de Martí y sus compañeros, sobre todo a partir de este día, se cerraban aún más las redes del espionaje español, confirmando lo difícil del camino a Playitas.

*José Martí y Máximo Gómez, Nueva York, 1894.*

## 3 DE MARZO
### Contento y esperanzado

Desde el 14 de febrero viene escribiendo, en los minutos escasos de reposo, unas páginas a manera de diario que envía a sus niñas de Nueva York. En la presentación les dijo: «No fueron escritos sino para probarles que día por día, a caballo y en el mar y en las más grandes angustias que pueda pasar hombre, iba pensando en ustedes».[31] En esas letras de profundo contenido pedagógico y humano nos dejó preciosas pinceladas de la naturaleza dominicana, de sus costumbres, creencias, gustos, pobreza y anhelos. También por esas notas se nos filtran ricos detalles de su sencilla persona.

Al imaginar a José Martí en casi todos emerge aquel hombre en medio de una acción política, patriótica, proselitista: en la tribuna, en la mesa escritorio, envuelto en el turbión de su praxis revolucionaria. Casi nunca aflora el ser humano en el curso de la propia cotidianidad, en los reclamos naturales más sencillos que nos son consustanciales, como es, por ejemplo, entrar a pelarse a una barbería. Por eso, es casi una sorpresa cuando el domingo, 3 de marzo, lo vemos en Cabo Haitiano entrando en la

[31] Martí, José. *Ob. Cit.*, tomo 19, p. 185.

humilde barbería de Martínez. Él mismo nos describe, con su sagaz espíritu de observación, la pobre decoración de la sala y el curioso diálogo con el barbero negro, ambulante y decidor. También de una anécdota que para otro sería imperceptible, trae a una línea el hondo drama social de nuestros pueblos: una pordiosera pide en la puerta una limosna y el fígaro responde imperturbable: «Todavía no he ganado el primer cobre», refiriéndose a una moneda de ese mineral que entonces tenía muy poco valor.

Ya había estado en Cabo Haitiano, cuando viajó a Santo Domingo en 1892 y 1893. En aquellas dos ocasiones apreció la notable actividad del puerto, las casas altas de balcón colgadizo, la vida pobre de sus calles, el sincretismo cultural tejido de francés y africano, en un país de cuyo gobierno antipopular no esperaba apoyo para la causa cubana; pero sí lo aguardaba —y fue pródigo— en sectores progresistas de la intelectualidad haitiana y en cubanos emigrados a aquel espacio americano. En una de estas alas aparece el poeta Antenor Firmín y Monsieur Nepthalí. En la casa de éste, en Fort Liberté, detuvo su caballo el sábado por la noche. Las atenciones y cariño de hogar que disfruta allí, se lo cuenta a las niñas en carta del tres de marzo. En la otra ala estaban los cubanos y entre ellos el principal colaborador lo encuentra en Ulpiano Dellundé. En su casa, en la Rue Vaudrevil no. 33, se desmonta en la tarde de este domingo.

La razón principal de la visita a Cabo Haitiano era gestionar con Dellundé la posibilidad de adquirir algunas armas para la expedición que él y Máximo Gómez estaban organizando. El empeño resultó fructuoso: catorce rifles y cuatro cajas de cartuchos fueron incorporadas a las despensas del proyecto. Cuando a los cuatro días envía a un emisario a recoger ese cargamento, le escribe al amigo: «El portador va a buscar mis encargos; como a estos marinos les tienta siempre la curiosidad, ruego que, de ser hacedero, vengan de ahí en cajas, mejor que en cualquier otro envase, puesto que son provisiones delicadas». Después, contento, dejó correr el buen humor: «que los marinos no sepan que traen golosinas».[32]

Del aprendizaje inagotable que significaba para el Maestro cada día, cada viaje, da fe una página apuntada este tres de marzo en el diario citado. Tal vez fuera en la biblioteca del Doctor Dellundé donde encontró un libro que le llamó la atención y confiesa no haberlo visto antes: *Les Méres Chretiennes des Contemporais Ilustres*. Se detiene en el índice: Las altas esferas de la sociedad, El Clero, Las carreras liberales... Le basta una ojeada para una honda reflexión, cuyos receptores —como en toda su obra— estaban más allá de los destinatarios inmediatos. Condena las grandes desigualdades sociales, el bienestar que no procede del trabajo creador, la comodidad que huye al sacrificio, el carácter autoritario de sociedades donde «se exige el cumplimiento de los deberes sociales a aquellos a quienes se niegan los derechos, en beneficio principal del poder». Y llega a una conclusión iluminadora: «La paz de los pueblos es sólo

---

[32] Martí, José. *Epistolario*. t. V, p. 93.

asequible cuando la suma de desigualdades llegue al límite mínimo en que las impone y retiene necesariamente la misma naturaleza humana».[33] Cuánta claridad en sus aspiraciones a que el género humano fuera alcanzando niveles crecientes de equilibrio, con su esfuerzo y participación, sin confundir la justicia social con desnaturalizados igualitarismos.

Todavía le alcanzó la luz para escribirle a Gonzalo de Quesada, desde la casa generosa de Dellundé, pidiéndole que publique en *Patria* un retrato de Guillermón Moncada. Después, dos carticas para las niñas: A María prometiéndole que un día la llevará a París, «a ver mundo antes de que entres en los peligros de él»; a Carmita, que cuando la vuelva a ver la tendrá «mucho tiempo abrazada». Y ya sin contenerse, recordando a la madre de esas niñas que quería como a hijas, exclama: «no he conocido en este mundo mujer mejor. No puedo, ni podré nunca, pensar en ella sin conmoverme».[34]

Al día siguiente, a las diez de la noche y a pesar del mal tiempo, se monta en una lancha azotada por un viento fuerte, cortando la oscuridad con la proa hacia Montecristi. El mar canta debajo del maderamen, con tanta magia que él asiente cuando el timonel dice que únicamente los *vaudous*, los hechiceros haitianos, sabrán de esos encantos del fondo de la mar.

---

[33] Martí, José. *Ob. Cit.*, tomo 19, pp. 203-204.
[34] Martí, José. *Epistolario*, tomo V, pp. 89,90 y 91.

## 10 DE MARZO
### Estamos haciendo obra universal

Acababa de llegar a Montecristi la prensa de la capital. En el periódico *Listín Diario*, del 9 de marzo, está incluido un párrafo que para el Apóstol fue como una iluminación: «El *New York Herald* dice que Don José Martí y el General Máximo Gómez son los jefes de la actual insurrección de Cuba, y que ambos se encuentran en aquella isla».[35]
En realidad, la noticia había sido agrandada. Lo que decía el telegrama mandado al *Herald* con la firma de Fernando Figueredo —que sin proponérselo prestó un servicio adicional a Martí— es que Gómez, Martí y Collazo irían urgentemente a Cuba, con lo que el insigne bayamés, desde Tampa, pretendía elevar los ánimos en el campo insurrecto. Pero Martí lo aprovechó desde otro ángulo. Este vino a ser el argumento irrebatible que blandió frente a Máximo Gómez, como desenlace a una discusión que cobró fuerza en los primeros días de marzo: Los jefes militares sosteniendo que era más útil el regreso del Delegado a Nueva York para asegurar, con su poderosa capacidad e influencia, el apoyo del exilio a la guerra; y el dirigente político defendiendo, con

[35] Rodríguez Demorizi, Emilio. Ob. *Cit.*, p. 125.

el corazón en la mano, el derecho a exponer su vida en el campo de batalla a que convocó a los hombres valientes. En aquellos días cruciales, su aspiración de incorporarse a la guerra chocaba con la opinión de los oficiales mambises que le rodeaban —Mayía, Collazo, Borrero, Guerra— y del propio jefe militar del Partido Revolucionario Cubana, puesto para que él mismo propuso a Gómez.

Resultaba curioso que ahora Collazo lo invitara a regresar a Nueva York, no al campo insurrecto. ¿Acaso no recordaba las palabras hirientes con que lo atacó por su juicio acerca del libro de Ramón Roa?: «Si de nuevo llegase la hora del sacrificio, tal vez no podríamos estrechar la mano de usted en la manigua cubana».[36] Entonces tuvo que responderle con dureza, juzgándole la mano de escribir como la de un hombre que ha calumniado a otro, y proponiéndole que no había que esperar a la manigua cubana para resolver la diferencia, pues podían aclararla en «una visita inmediata, en el plazo y país que le parezcan convenientes».[37]

Por suerte, el patriotismo fue mayor. Se entendieron en la obra y ahora, sin la más mínima duda acerca de su valor, Collazo pensaba de verdad que el servicio del Delegado era más importante en la emigración. Sin embargo, era inamovible su decisión de estar con quienes convocó a la contienda armada. Pocos días después, al escribirle a su amigo dominicano Federico Henríquez y Carvajal, le recordó este momento: «De vergüenza me iba muriendo —a

---

[36] Ibídem., p. 127.
[37] José Martí. *Epistolario*, tomo III, p. 13.

pesar de la convicción mía de que mi presencia hoy en Cuba es tan útil por lo menos como afuera—, cuando creí que en tamaño riesgo pudieran llegar a convencerme de que era mi obligación dejarlo ir solo, y de que un pueblo se deja servir, sin cierto desdén y despego, de quien predicó la necesidad de morir y no empezó por poner en riesgo su vida.[38] Así andaban las cosas, matándole por dentro, cuando abrió el periódico de par en par ante los ojos del General, que se quedó mirándolo en silencio, admirándole más cada día, y enseguida comenzar a discutir un nuevo plan de embarcación, del que no le podrían desmontar.

Hasta ese día, el proyecto se enfocaba en la preparación de una expedición con posible salida desde Samaná, que aunque no contaba con su aprobación, le era difícil objetarlo. Concebía que junto a Gómez saldrían Mayía Rodríguez, Enrique Collazo, Francisco Borrero, Angel Guerra y algunos más; mientras al Delegado, junto a Manuel Mantilla, le pedían volver a Nueva York. Sin embargo, con el nuevo argumento que facilitó la noticia del *Listín Diario*í, el plan se modifica: Mayía saldrá otra vez para la capital dominicana, a levantar más recursos; Collazo viajará hacia Nueva York, acompañado de Mantilla, donde organizará con celeridad una expedición hacia el occidente de Cuba, región a la que es destinado como máximo jefe militar. Y en Montecristi, trabajando para su inmediata marcha hacia Cuba, quedaban los dos máximos dirigentes, Gómez y Martí.

[38] Ibídem, tomo V., p. 117.

Tranquilizado su espíritu este domingo, al esquivar el plan que excluía su nombre para el campo insurrecto, él encontró el sosiego que necesitaba para sumergirse en otras preocupaciones, entre ellas la de comunicarse con Nueva York para influir en el plan de salida de Serafín y Roloff desde Cayo Hueso. Hace dos días ha preguntado a Gonzalo y Benjamín, refiriéndose a estos dos líderes: «¿No tienen allí 60 armas, y el grupo de hombres, y goletas al pie, que por una bicoca puede Vivo Rivero componer, u otro, y salir?».[39]

También tiene los ojos puestos en Costa Rica y espera ansioso por la decisión final que haga salir a aquel grupo hacia el oriente cubano. Y claro, piensa insistentemente en su goleta. Por eso, al día siguiente se levanta temprano y sale a la gobernación, a esperar «que se levante Guelito». Era el Gobernador de Montecristi y a su nombre trajo Mayía de la capital el documento mediante el cual el Presidente de la República —Ulises Heureaux— materializaba su secreta contribución a la causa cubana: «Mi estimado Guelito: la presente tiene por objeto suplicarte, bajo confianza de caballero, le entregues al portador, sin dilación alguna, la cantidad de dos mil pesos oro».[40]

Para eso está allí José Martí, con la primera luz del lunes, en la puerta de Guelito. Anda sonriente al lado de Mayía, a quien enseguida despedirá en el puerto, con estas o palabras parecidas: —Es justo, amigo Mayía, y no me mal entienda. Después de todo, yo debo ir primero, yo convoqué a la guerra, ¿verdad, querido Mayía, que lo merezco?

[39] Ibídem, p. 94.
[40] Rodríguez Demorizi, Emilio. *Ob. Cit.*, p. 123.

## 17 DE MARZO
### Para mí no hay derrota

Como al día siguiente saldrían Enrique Collazo y Manuel Mantilla en el vapor Clyde hacia Nueva York, a José Martí le está rondando en la cabeza cada carta que allá debe enviar. La primera de todas es para Tomás Estrada Palma y con él desahoga las más graves preocupaciones que experimentó la primera semana de marzo, relacionadas con su lugar en el proceso independentista al estallar la guerra; pero en la hoja no está todo lo que le inquieta, pues las apreciaciones más intrincadas se las contará en persona Manuel, que «me ha visto vivir, y morir más en estos días».[41]

Este domingo ha vencido el peligro que le dejaba fuera del primer proyecto dominicano de expedición a Cuba y está en los convenios de una embarcación con John Poloney para al fin lanzarse a la mar, pero le comienza a azotar una nueva borrasca. Parece que ahora se hablaba en la jerarquía militar —que tan altamente calibraba el papel del Delegado en el exilio— de una nueva estrategia con relación a él: permitirle estar unos días en el campo mambí y después convencerle de su papel imprescindible en el

---
[41] José Martí. *Epistolario*, tomo V, p. 105.

exterior. El dolor que esta valoración generalizada le produce, no es sólo porque intentaban interrumpirle su voluntad de ser un soldado más de la caballería mambisa, ni por temor a perder autoridad si no empezaba poniendo en riesgo su vida, si a fin de cuentas, como le dice a Estrada: «En mí no pienso: tendré que poner de lado enteramente mi persona». En realidad él consideraba —aunque no lo entendieran— que hacía más falta dentro que fuera de la guerra. Los buenos oficiales hacían una valoración militar; mientras él consideraba los alcances políticos no sólo inmediatos. Estaba muy claro para él que en el campo de la guerra no se trataba únicamente de las operaciones militares, pues era tan importante como ellas la organización inmediata del gobierno, desde cuya raíz empezaba a defender la democracia de la futura república.

Esta es la obsesión que le declara a Estrada Palma: «Yo creo que al fin podré poner un pie en Cuba, como un verdadero preso. Y de ella se me echará, sin darme ocasión a componer una forma viable de gobierno». Con seguridad Martí creía al maestro de Central Valey la persona más apropiada para esta confesión, por la enorme autoridad que disfrutaba no sólo en la emigración revolucionaria de Nueva York, sino también entre los grandes dirigentes de la Guerra de los Diez Años. El Apóstol quiere que el bayamés influya: «con el peso de sus declaraciones y su respeto [...] a impedir que en Cuba se prohíba, como se quiere ya prohibir, toda organización de la guerra que ya lleve en sí una república, que no sea la sumisión absoluta a la regla militar, a la que de antemano y por naturaleza se opone el país, y que detendrá, o acaso cerrará totalmente el paso de las armas libertadoras». Con toda seguridad este desvelo —que le atormenta el domingo 17 de marzo— le brota porque en su conversación de entonces con el grupo de militares que está en Montecristi esperando la expedición, les sintió defender una estrategia de dirección que incluía su nombre, pero como cabeza del apoyo externo a la revolución y que devaluaba el papel que le correspondía en el escenario armado de la misma. Él, en cambio, comprendía que era en la isla donde debía «influir en que nuestro país se de una ordenación tal que, ni incapacite la unidad y concentración de la guerra, ni la dañe o acorrale por ir contra el propósito y espíritu de la revolución cubana».

Pero en defensa de sus posiciones frente a esta amenaza, aunque sin ceder, él debía actuar cuidadosamente. No eran los tiempos del plan de alzamiento de Gómez y Maceo en 1884, donde toda la autoridad estaba en manos de los militares, pero debía ser cuidadoso en sus propuestas de gobierno, aunque estuviera respaldadao con la autoridad de ser el fundador y guía del órgano político que desató la guerra, cuyas bases se cimentaron con métodos democráticos. Y aunque el olfato político del Generalísimo era el que más se le estaba aproximando, tenía aún que ser cauteloso entre aquel grupo de oficiales. Ya al final de la carta a Estrada Palma, hay una frase dolorosa: «Esto lo escribo al vuelo, y a escondidas, —yo, que me muero de vergüenza, en cuanto tengo un solo instante que ocultar la verdad».[42] Asimismo, este domingo debió conversar intensamente con Manuel Mantilla, quien estaba en las vísperas de despedirse. Era el hijo mayor de Carmen Miyares y lo había visto crecer como si fuera un hijo. Traerlo a su lado había sido tener cerca una parte de la casa querida de Nueva York; darle la mano era sentir todavía palpitante la sangre de Carmen, de Carmita, de María. La sensación de que su soledad sería más grande con esta despedida, se la expresa a Carmita en una hoja que le entregará el hermano: «Manuel se me va, y con él como una raíz de mi corazón: con él aquí parecía que estaban aún cerca de mí, y me defendían de mis penas».[43] Con Manuel y Collazo salían también, al llegar el lunes, varias cartas cuyos destinatarios debían cumplir diversas tareas ligadas a la guerra cubana: Una a Gonzalo de Quesada alertándole del lenguaje que convenía utilizar en sus relaciones con el campo insurrecto, donde debe influir «sobre las obligaciones de república con que nace la revolución».[44]. Después a Fernando Figueredo y Teodoro Pérez, a quienes junto al saludo y abrazo que les lleva Enrique Collazo, les está significando la ayuda que de ellos espera el portador, quien prevé embarcarse pronto al occidente de Cuba. Y cuando los dos amigos están casi con un pie en el vapor, Martí extrae una nueva hoja de papel y con prisa envía cuatro líneas a Fermín, al Fermín hermanote, con un abrazo largo y la limpia declaración de que ya oirá hablar de él.

[42] Ibídem, pp. 105-106.
[43] Ibídem, p. 108
[44] Ibídem, p. 110.

## 24 DE MARZO
### Voy con la justicia

Como ya todas las cosas parecían arregladas para salir, ahora puede estrenar un nuevo traje, sencillo y limpio como él, para que lo acompañe en la naturaleza que lo aguarda. Nunca se ocupó mucho de su vestimenta, pero en el último tiempo, de continuo viajar, se le había deteriorado demasiado la poca que tenía. El exceso de gastos en este concepto siempre lo creyó una de las superficialidades mayores de la vanidad humana. Dijo alguna vez que la mucha tienda significaba poca alma y que el que lleva mucho por dentro, necesita poco por fuera. Bastante llevaba él en su interior, pero, al serle imprescindible renovar su vestuario, se dejó guiar de los pasos de Máximo Gómez a las puertas de una sastrería.

En el camino hacia ella, tal vez cayera en cuenta de lo pobre que iba: los zapatos fueron remendados hace unos días en Santiago de los Caballeros, el saco que trae se ha ido decolorando y el sombrero de castor es de los más baratos. Para el viaje reciente a Cabo Haitiano llevó prestada una capa de Gómez, más para ampararse del frío que de la lluvia, como también eran del dominicano «unos pantalones muy cariñosos y ya amados».[45] En el camino, un médico cubano —de apellido Salcedo—, «porque me oye decir que vengo con los pantalones deshechos, me trae los mejores suyos, de dril fino azul, con un remiendo honroso». Es que Gómez, pensando en un viaje del Delegado a la capital dominicana, se lo había presentado así: «Allá va Martí, con su cabeza desgreñada, sus pantalones raídos, pero con su corazón fuerte y entero».[46]

El Viejo debió inistirle en la necesidad de un nuevo traje, aunque eligiera telas modestas y finalmente lo acompañó a la sastrería de Ramón Almonte. Cuando éste les recibió, abrió los ojos con el presentimiento de que iba a coser un traje para la historia americana. El color escogido fue un azul fuerte, tanto para el pantalón como para la chamarreta. El sastre, sin dejar de hablar, anota las medidas con precisión: para el saco, 76 centímetros de largo, 45 de hombro y 82 la manga; el pantalón, 80 centímetros de cintura, 102 de largo. Con disimulada prisa, el cliente logra liberarse de la cinta de medir, pero el tercer domingo de marzo pudo lucir un traje nuevo.

Ya estaban al partir. Él y Gómez han comprado la goleta «Mary» a John Poloney y éste se compromete a contratar a un capitán y un contramaestre que les acompañarán hasta Cuba a la mayor brevedad. Y aunque el plan fracasó al nacer, por la alta suma de dinero que se les exigió, este domingo lo pasaron creyendo que en un par de días ya estarían en el mar. Ante esa seguridad, el líder político escribe el texto capital que

---

[45] Ibídem, tomo V, p. 88.
[46] Martí, José. *Ob. Cit.* tomo 19, p. 195.

conocemos con el nombre de «Manifiesto de Montecristi» y varias cartas de organización y despedida. El texto programático debió estarse escribiendo desde este domingo. Al día siguiente lo firman los dos grandes dirigentes, sin alteraciones y en plena armonía. En carta a Gonzalo de Quesada, fechada tres días después, el Maestro señala: «Del Manifiesto, complacerá a ustedes saber que luego de escrito no ocurrió en él un solo cambio; y que sus ideas envuelven a la vez [...] el concepto actual del General Gómez, y el del Delegado».[47] En esta misma carta informa a Quesada que a través de la palabra *vidi* —puesta en un cablegrama del 26 para él— lo está remitiendo a este documento. Por otro lado, entre aquel domingo y el miércoles hay reproducciones del texto programático, por cuanto a Gonzalo se le envía una copia el día 28, con el encargo de hacerle una urgente impresión, mientras otra se hará en Santo Domingo.

También las cartas fechadas el 25 de marzo debieron andarle cortejando aquel dominical. Unas, breves, se referían al trajinar del momento, como la escrita a Dellundé para que enviara a Montecristi, con el mismo portador —Camilo Borrero—, las últimas noticias llegadas desde Cuba por esa vía. Al Brigadier Rafael Rodríguez, encargándole una importante misión relacionada con otra expedición posible. A Gonzalo y Benjamín, a quienes ya viene uniendo en su epistolario, dos cartas el mismo día: En una, toda la oración la hace una voz: partimos. Y después lo principal, a lo que va: «contribuir a ordenar la guerra de manera que lleve adentro sin traba la república».[48] En la otra, la

---

[47] José Martí. *Epistolario*, tomo. V, p. 131.
[48] Ibídem, p. 121.

táctica con que deben actuar y una especie de revista a todo lo que se está haciendo: a lo de Costa Rica, desde donde «acaso Flor, y Maceo con él, hayan salido». Lo de Serafín, lo de Collazo, lo de Enrique Rodríguez. Y al final, todo el papel que corresponde a los revolucionarios del exterior para con los compatriotas que ya están en el escenario de la guerra. Después de lo inmediatamente cubano medita en el alcance americano de esta obra, que si bien lo ha reflejado en el Manifiesto, lo abunda en carta a Federico Henríquez y Carvajal, tan excelso pensador como amigo suyo. Le habla de los complejos problemas que influyeron en las imperfecciones de la independencia de nuestros pueblos y le expresa su convicción de que «Las Antillas libres salvarán la independencia de nuestra América». Esta misión trae él a cuestas, aunque ande «a rastras, con mi corazón roto». En una frase para el amigo Henríquez, está el mandato de unidad con que convoca a todos: «Hagamos por sobre la mar, a sangre y a cariño, lo que por el fondo de la mar hace la cordillera de fuego andino».[49] Después, ordena en el corazón las despedidas más íntimas de su ser: «Madre mía: hoy 25 de marzo, en vísperas de un largo viaje, estoy pensando en Ud».[50] Todavía sueña con ver un día a toda la familia a su alrededor, contentos de él. Y el adiós a las niñas, a María y a Carmita, porque ya está al partir a «un largo viaje». Y tal vez allá, donde no puedan llegar las cartas, tendrá que conformarse con las noticias que de ellas pueda darles el sol y las estrellas.

[49] Ibídem, p. 117.
[50] Ibídem, p. 116

## 31 DE MARZO
### De la Patria, no cedo un ápice

Con este domingo se acaba marzo y con él la ansiedad de la espera. Ahora sí iban a partir de verdad. El día antes compraron la goleta Brothers, de 9 toneladas, a John Bastián. La operación se hizo a través de Poloney, quien se queda con documentos de propiedad de las dos embarcaciones —también la «Maryjohn»— a nombre de Bernarda Toro, la esposa de Gómez. Con estos logros, Martí y el General no sólo sienten asegurado su viaje, sino también la posibilidad de dejar en buenas manos una embarcación —la «Brothers» regresará— para que por esta vía se continúen trasladando hombres y recursos hacia la guerra cubana.

Fue el último domingo —y el último día— de Martí en Montecristi, pequeña ciudad por tantas razones anclada en su corazón. La primera, por el cariño encontrado en la casa de Máximo Gómez, que ese día guarda de las miradas que pasan la ansiedad con que en su interior se ultiman los preparativos. ¡Con cuánta bondad mira a Clemencia, mientras ella cose la bandera! ¡Qué ternura de hijo hacia Manana, apenas unos meses mayor que él, al verla planchándole su traje con amor de madre! ¡Cuánto sentimiento de padre al poner las manos en el hombro de Panchito, o de Mayito, cuando ellos entraban y salían de la casa con recados de responsabilidad, cubriéndose del espionaje español! Él, que apenas pudo disfrutar su condición de hijo, hermano o padre.

Ahora, pensando en el hijo carnal, ya hombrecito y distante, le escribe una nota breve y angustiosa: «Esta noche salgo para Cuba: salgo sin ti, cuando debieras estar a mi lado».[51] La pequeña esquela aparece con la fecha del 1º de abril, así como otras cuantas cartas. Pienso que esas letras debieron escribirse el domingo 31 de marzo —aunque anotara la fecha del día siguiente, que es cuando iban a salir—, pues dice a su hijo «esta noche salgo para Cuba», lo que hace en esa noche de domingo para lunes a la una de la madrugada, por la playita de Montecristi. El lunes, que lo estrena encima de una goleta, con dificultades en la navegación —incluido un riesgo de encallar—, burlando el espionaje y puestos en manos de un capitán de ceño extraño, difícilmente hubiera podido escribir todas las cartas que aparecen con esa fecha. Y mucho menos, que en esas circunstancias se hubiera abstraído de los enormes problemas que enfrentaba, para hablar epistolarmente con Gonzalo acerca de sus libros y obra escrita.

Debió ser este domingo, en la soledad propicia de un cuarto en la casa de Gómez, cuando —mientras el jefe militar se ocupaba de arreglar las cosas de su cuerpo y de su alma— él se sienta a escribir a Gon-

[51] Ibídem, p. 142.

zalo una carta de profunda sencillez que pasó a la historia como su testamento literario.⁵² Con el alma y la memoria puesta en su oficina abandonada en Front Street, le va escribiendo a Quesada sobre los libros y cuadros que allí dejó para siempre. Autoriza al amigo a que venda esas obras de diversos autores, indicándole que las ganancias sean para Cuba; después de pagar, aclara, una deuda de $220.00 que tiene con Carmita. Es triste el desprendimiento: «Esos libros han sido mi vicio y mi lujo, esos pobres libros casuales, y de trabajo. Jamás tuve los que deseé, ni me creí con derecho a comprar los que no necesitaba para la faena». De sus papeles no impresos habla con una modestia sobrecogedora: «todo eso está muerto, y no hay ahí nada digno de publicación, en prosa ni en verso».

Como antes había discutido con Gonzalo la posible organización de las obras que él tenía dispersa en periódicos, revistas, discursos, cartas, y que creía principales, ahora le es cómodo sugerirle su ordenamiento en unos pocos tomos. Después de recordar muchos temas de los que ha escrito, piensa en los que corresponden a su patria: «de Cuba, ¿qué no habré escrito?: y ni una página me parece digna de ella: sólo lo que vamos a hacer me parece digno». De esta obra suya, que Gonzalo, «de puro hijo», le podrá preparar cuando ya él «ande muerto», la ganancia lograda, después de sufragar los gastos de la publicación, quiere que se divida: «la mitad será para mi hijo Pepe, la otra mitad para Carmita y María».

⁵² Ibídem, pp. 138-141

Después le escribe a Estrada Palma —letras que también deben pertenecer al domingo 31 de marzo—. Le dice que «acaso falten pocas horas para emprender el camino». Efectivamente, es lo que hace desde empezar el primero de abril, como hemos visto. En otra carta a Benjamín y Gonzalo, hay una evidencia más de que estas líneas, aunque fechadas el 1ro. de abril, fueron escritas el día antes. Mientras él escribe, ve que «las mujeres cosen». Cosían, que dudas caben, la bandera y las ropas conque ellos iban a salir y eso no podía ser ya el 1ro., cuyo amanecer les encontró en los arduos trajines de la playa, guardándose con la noche y apretándose los seis en un bote —Martí, Gómez, Paquito Borrero, Ángel Guerra, César Salas y Marcos del Rosario— para alcanzar la goleta que les esperaba en la boca del puerto. Mientras, veían a Panchito y Maxito regresando a la casa, a esconder de prisa los caballos, para que al amanecer los curiosos no descubrieran que sus últimos jinetes ya andaban en la mar.

## 7 DE ABRIL
## Estos días han sido útiles y me siento creído

El Domingo de Ramos de 1895 encuentra a Martí y a su mano de valientes en Cabo Haitiano, roto el augurio de que sería un domingo cubano. Desde que salieron de Montecristi, la odisea ha sido tormentosa. El martes por la noche llegaron a Gran Inagua, pequeña isla salinosa, donde fueron traicionados por Bastián. Debió ser muy difícil para ellos el instante en que, solos en la goleta anclada, con el capitán y los tres marinos en tierra, son informados de que los tripulantes se negaban a cumplir el compromiso de llevarlos hasta las costas cubanas, con excepción de uno de ellos —el buen David de las Islas Turcas—.

Con las primeras claridades del día siguiente Martí baja a tierra, admirándose sus compañeros del valor con que se conduce. Con el revólver oculto entre las ropas se enfrenta al recio traficante y logra arrebatarle el dinero que le han pagado. Ya por la tarde, fue una gran suerte encontrarse con Barber, el cónsul de Haití en aquella isla, quien mostró inapreciable simpatía por ellos y su causa. Al poco rato les presentó a Heinrich Lowe, capitán del «Nordstrand», un carguero alemán que acababa de ancorar. Lowe explica que de allí seguirá a Cabo Haitiano y tras las operaciones comprometidas en aquel lugar, que pueden durar 4 ó 5 días, volverá a pasar por Inagua en camino hacia Jamaica. Martí se ilumina y propone al Capitán la posibilidad de acercarlos a las costas de Maisí. ¿Qué cree el capitán? La respuesta es afirmativa, podrá acercarse a las costas del oriente cubano, bajar un bote y que los seis hombres alcancen la tierra por sí mismos. El generoso Barbes ayudó con los pasaportes, naturalmente inscritos con seudónimos, con el que podrían desembarcar en Cabo Haitiano, donde deben esperar a que el Nordstrand vuelva a navegar.

Cuidando las normas de la clandestinidad, se dispersan por distintas casas de la ciudadela portuaria donde, por suerte, hay muy buenos aliados. Gómez y Marcos se alojan en casa de Mr. Mercier; Paquito y Ángel van a la del cubano Agripino Lambert; César se hospeda en el Hotel Internacional y Martí vuelve al hogar de su amigo Ulpiano Dellundé. Aquí lo encontramos este domingo, en el resbaladizo de la inseguridad, azotado aún por el peligro de cualquier denuncia. Sabe que desde la salida de Montecristi el espionaje español anda detrás del más mínimo indicio de su camino. De las bodegas del barco salieron con la mayor precaución, mas alguien pudo identificarlos en el puerto, a él o a Gómez, que eran los más sobresalientes. A pesar del peligro presumible, no había otra alternativa que la de esperar, conteniendo la impaciencia. Nadie podría describir mejor ese día que como él lo contó a Carmita y María, con una exquisitez que anima a la extensa cita:

«Por las persianas de mi cuarto escondido me llega el domingo del Cabo. El café fue 'caliente, fuerte y claro'. El sol es leve y fresco. Chacharea y pelea el mercado vecino. De mi silla de escribir, de espaldas al cancel, oigo el fustán que pasa, la chancleta que arrastra, el nombre del poeta Tertulien Guilbaud, el poeta grande y pulido de Patrie —y el grito de una frutera que vende *caimite*! Suenan, lejanos, tambores y trompetas. En las piedras de la calle, que la lluvia desencajó ayer, tropiezan los caballos menudos. Oigo *le bon Dieu*—, y un bastón que se va apoyando en la acera. Un viejo elocuente predica religión, en el crucero de las calles, a las esquinas vacías. Le oigo: 'Es preciso desterrar de este fuerte país negro a esos mercaderes de la divinidad salvaje que exigen a los pobres campesinos, como el ángel a Abraham, el sacrificio de sus hijos a cambio del favor de Dios: el gobierno de este país negro, de mujeres trabajadoras y de hombres vírgenes, no debe matar a la infeliz mujer que mató ayer a su hija, como Abraham iba a matar a Isacc, sino acabar, con el rayo de la luz, al *papa-boco*, al sacerdote falso que se les entra en el corazón con el prestigio de la medicina y el poder sagrado de la lengua de los padres. Hasta que la civilización no aprenda criollo, y hable en criollo, no civilizará'. Y el viejo sigue hablando, en soberbio francés, y puntúa el discurso con los bastonazos que da sobre las piedras. Ya lo escuchan: un tambor, dos muchachos que ríen, un mocete de corbata rosada, pantalón de perla, y bastón de puño de marfil. Por las persianas le veo al viejo el traje pardo, aflautado y untoso. A los pies le corre, callada, el agua turbia.

La vadea de un salto, con finos botines, una mulata cincuentona y seca, de manteleta, y sombrero, y libro de horas y sombrilla: escarban, sus ojos verdes. Del libro a que vuelvo, en mi mesa de escribir, caen al suelo dos tarjetas, cogidas por un lazo blanco: la mínima, de ella, dice 'Mlle. Elise Etienne, Cap Haitien': la de él, la grande, dice: 'Mr. Edmond Férere —Francés—. Es domingo de Ramos'».[53]

Después se dedicó a escribir, a conversar —entre otros con el negro Tom, sirviente de la casa—, a leer sobre indios y a escribir, esperando que Lowe avisara la hora de partir.

---

[53] Martí, José. *Ob. Cit.* tomo 19, p. 211.

## 14 DE ABRIL
## Sólo la luz es comparable a mi felicidad

¡Al fin llegó a su vida el primer domingo mambí! Hace tres días que está en la tierra cubana, desde el instante en que sus pies mojados salieron del mar, en Playitas de Cajobabo. Hasta allí llegaron casi al mediar la noche del jueves santo, iluminados más por el júbilo que por la luna llena y él disimulando el ardor en las manos ampolladas, por la fuerza con que haló el remo de proa.

Las dos últimas noches durmieron algunas horas en una gruta de la montaña —la cueva de Juan Ramírez—, ya en lo alto de unas lomas cubiertas de la floresta cubana. Se acostó a dormir en la tierra, con las hojas de los árboles de colchón. Pero, a pesar de la fatiga, es tanto el embeleso con el canto de la sierra que demora en dormir, atento a la chorrera crecida del río Caratará, al sonido de chicharras, al ladrido de algún perro cimarrón y al suave rumor de unas ramas que nunca antes vio tan cerca de las estrellas.

El domingo 14 se acabó la acampada en ese Templo —como lo llamó Máximo Gómez— que también sirvió para el envío de mensajes a varios patriotas alistados desde la guerra anterior. En respuesta, el primero en llegar fue Abraham Leyva, «cargado de carne de puerco, de cañas, de boniatos, del pollo que manda la Niña».[54] Más tarde apareció José, de catorce años, dispuesto a servir de práctico en la siguiente jornada. Antes que el sol, salieron ellos de la cueva y comenzaron a escalar la montaña, cruzando varias veces el mismo río, que en ocasiones llega hasta la cintura y empuja el cuerpo con la corriente. En el avance rápido, el poeta soldado no siente la carga —mochila repleta, cien cápsulas, rifle, revólver, un tubo de mapas— porque todo le parece mágico y va absorbiendo en cuerpo y alma la majestad de la naturaleza con una embriaguez que lo renueva y hechiza.

Desde la cueva «Juan Ramírez» hasta la casa de Tavera, en Vega Batea, hay una distancia de 29 kilómetros, y el pequeño grupo los vence en un solo día a pesar de las lomas empinadas, el cruce del río pedregoso, un matorral abrupto, lo que hace difícil ese recorrido hasta para hombres curtidos en esa práctica. Hay que imaginar entonces lo que esa ardua jornada dominical significó para él y, sin embargo, las impresiones que de esos días nos dejó en su *Diario de Campaña* sólo reflejan un encanto supremo con la atmósfera natural y humana que le rodea. En las palabras «subir lomas hermana hombres» se respira únicamente ese contento, lleno de un asombro casi infantil ante la yaya, «de hoja fina», la majagua, el cupey. Es tanta la belleza del mundo que puede encontrar dulzor en la naranja agria y hasta entender la muerte necesaria, cuando Mar-

---

[54] Martí, José. *Diario de Campaña*. La Habana, Editorial Ciencias Sociales, 1985, p. 5.

cos, de un machetazo, degüella a una jutía para el sustento. Con ese deslumbramiento llegó a Sao del Nejesial, donde acampa y cuyo lugar le pareció un «lindo rincón, claro, en el monte». También anota su honda satisfacción con los compañeros, como la gratitud a César, que ese día ha cosido su tahalí, roto al bracear con la corriente del río; o cuando le alcanzan un fragmento de la jutía, que con tanta habilidad fue desollada, aliñada y asada en las brasas de la leña seca.

La alegría se hizo general cuando vieron llegar a los primeros hombres de la tropa de Félix Ruenes, con él al frente, que vinieron desde Vega Batea a alcanzarles. En ese lugar tienen su campamento, donde les espera la tropa. Todos saltaron a abrazarlos: «¡Ah, hermanos!» Tan grande fue el júbilo en el naciente mambí, que le pareció ver a los enfermos sanar con su mirada. Inmediatamente interrumpen el descanso y la preparación de los alimentos, porque faltaba un buen trecho por andar, hasta el rancho de Tavera. Pero hasta los árboles del camino parecen engalanados y toda la floresta brinda una música de triunfo. De pronto, aparecen los centinelas de la tropa acampada. Martí eterniza el instante en el *Diario de Campaña*: «En filas nos aguardan. Vestidos desiguales, de camiseta algunos, camisa y pantalón otros, otros chamarretas y calzón crudo: yareyes de pico: negros, pardos, dos españoles». En esa composición estaba el sentido de la unidad, español incluido. Enseguida, «Ruenes nos presenta. Habla erguido el General. Hablo. Desfile, alegría, cocina, grupos».[55]

[55] Ibídem, p. 7.

Las noticias son intercambiadas, una tras otra. Ellos conocen de la llegada de Antonio Maceo y Flor Crombet, que se le adelantaron sólo en diez días. Entraron por Duaba —en las cercanías de Baracoa—, y ya avanzan hacia el oeste oriental. También oyen decir sobre la campaña autonomista, desatada inútilmente para frenar la revolución, así como detalles del alzamiento en toda la región. Palpan el entusiasmo general en las palabras de Ruenes, Galano, Rubio, en todos. Comprenden que hay en pie hombres suficientes y que son más los dispuestos a secundarlos, pero faltan armas, recursos de guerra. Entonces él explica las potencialidades del exterior y la organización de sus redes para apoyar la contienda bélica. Pregunta por la posibilidad de comunicaciones con Nueva York. Ruenes ofrece seguridad por Baracoa y al instante el Delegado piensa en la carta que enseguida escribirá a Gonzalo y Benjamín, contándoles esta felicidad, pero sobre todo, explicándoles la necesidad más urgente con un optimismo desenfrenado: «mil armas más, y parque para un año, y hemos vencido».[56]

Ya entrada la noche, cuando Gómez le ayudó a colgar su hamaca en la entrada de la casa forrada con yaguas de palma, lo miró como a un padre. En realidad, el General se mostraba muy complacido con su amigo, quien le ha sorprendido en esta dura jornada. Así lo anotó el jefe militar en su propio Diario: «Nos admiramos, los viejos guerreros acostumbrados a estas rudezas, de la resistencia de Martí,

[56] José Martí. *Epistolario*, tomo V, p. 164.

que nos acompaña sin flojeras de ninguna especie, por estas escarpadísimas montañas».[57]

Antes de dormir, como si todos quisieran endulzarle más la culminación del domingo, se le acercó cariñoso el práctico José, con un catauro lleno de miel de abejas: «Rica miel, en panal». Ya acostado en la hamaca, mientras sus compañeros duermen alrededor, la luna le regaló una imagen que quedó hecha poesía en su Diario: «En lo alto de la cresta atrás, una paloma y una estrella». Únicamente él era capaz de juntarlas, al sentir «¡qué luz, qué aire, qué lleno el pecho, qué ligero el cuerpo angustiado!».[58]

---

[57] Gómez, Máximo. *Diario de Campaña*. La Habana, Instituto Cubano del Libro, 1968, p. 278.
[58] Martí, José. *Diario de Campaña*. La Habana, Editorial Ciencias Sociales, 1985. p. 9

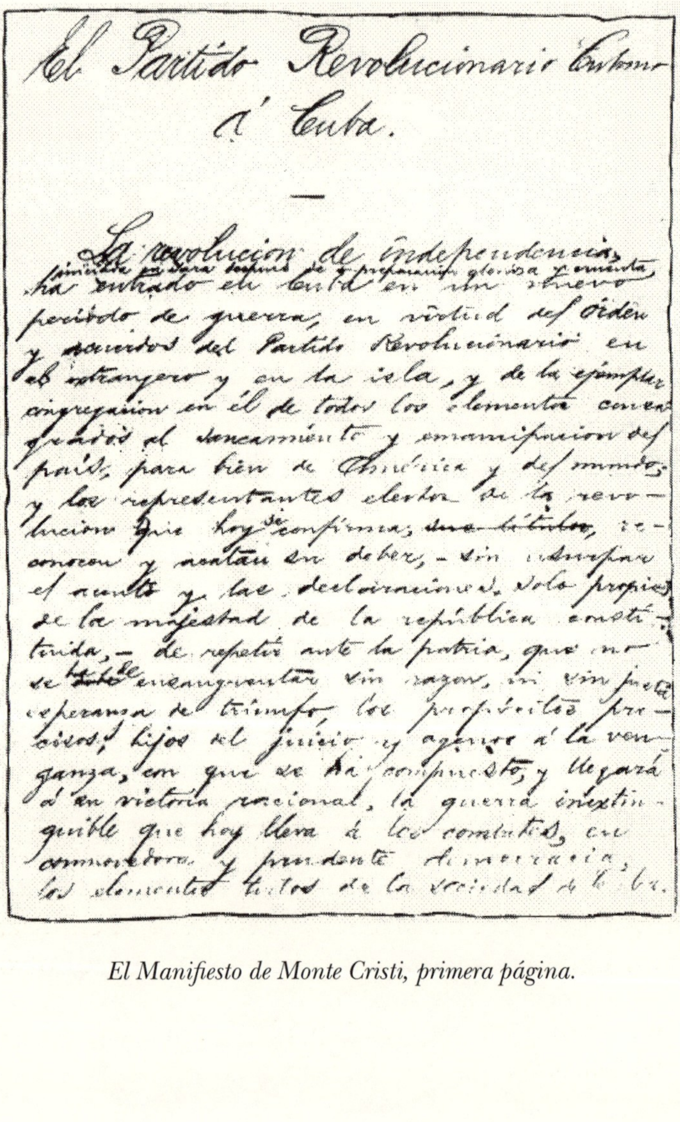
El Partido Revolucionario Cubano
á Cuba.

—

La revolucion de independencia,
iniciada en Yara despues de preparacion gloriosa y cruenta,
ha entrado en Cuba en un nuevo
período de guerra, en virtud del órden
y acuerdos del Partido Revolucionario en
el extranjero y en la isla, y de la ejemplar
congregacion en él de todos los elementos consa-
grados al saneamiento y emancipacion del
país, para bien de América y del mundo;
y los representantes electos de la revolucion que hoy se confirma, reconocen y acatan su deber, —sin usurpar
el acento y las declaraciones solo propias
de la majestad de la república consti-
tuida, —de repetir ante la patria, que no
se debe ensangrentar sin razon, ni sin justa
esperanza de triunfo, los propósitos pre-
cisos, hijos del juicio y ajenos á la ven-
ganza, con que se ha compuesto, y llegará
á su victoria racional, la guerra inextin-
guible que hoy lleva á los combates, en
conmovedora y prudente democracia,
los elementos todos de la sociedad de Cuba.

*El Manifiesto de Monte Cristi, primera página.*

## 21 DE ABRIL
## Ya entró en mí la luz

Había terminado una semana ardua, pero llena de emociones. Ya estaba cayendo la tarde del día 15 cuando le dijeron, al pie de una cañada, que por sus servicios prestados le graduaban de Mayor General del Ejército Libertador. En el abrazo, en lo alto de la montaña, se sintió sencillo: «[...] igualaban mi pobre vida a la de sus diez años»,[59] le escribió a Gonzalo. Después, apoyándose en una tabla de palmas, le anota a Estrada Palma: «Ya entró en mí la luz».[60] Le confiesa que la salud de su cuerpo, buscada en vano en tantos facultativos, vino a encontrarla en su tierra. Pero el júbilo no mengua el trabajo continuo para el que apenas alcanzan las horas del día.
 La dicha es demasiado grande para no compartirla. A Carmita le escribe que al fin ha llegado a su plena naturaleza y que es muy grande su felicidad. En esa misma carta del martes —que es para todos en la casa de Carmen—, escribió en el párrafo dedicado a María: «Voy bien cargado, mi María, con mi rifle al hombro, mi machete y revólver a la cintura, a un hombro una cartera de cien cápsulas, al otro

[59] José Martí. *Epistolario*, tomo V, p. 162.
[60] Ibídem, p. 166

un gran tubo, los mapas de Cuba, y a la espalda mi mochila, con sus dos arrobas de medicina y ropa y hamaca y frazada y libros, y al pecho tu retrato».[61]

Así continuó por aquel agreste lomerío de charrascales, faldas empinadas —como la de Pavano—, lechos pedregosos en arroyos secos, ríos crecidos que metían el frío en los huesos y breñales espinosos ineludibles; todo hacia el oeste, buscando la región de Guantánamo, sabiéndose perseguidos por las escuadras de criollos pagados por el gobierno español. El sábado 20 llegaron a Palenque, entre un paisaje impresionante: «[...] vamos cercados de monte, serrados, tetudos, picudo monte plegado a todo el rededor: el mar al sur».[62] Era la región de Imías, donde duerme, en una yagua de palmas tendida en lo espeso de la montaña.

El domingo 21 hay una jornada de medio día de camino que comienza desde las seis de la mañana. Se acercan a San Antonio del Sur, mientras más lugareños se van incorporando al pequeño grupo. Después de cruzar el río Sabanalamar, saltando de piedra en piedra como hacen los campesinos, se organiza el nuevo campamento en un sitio conocido con el nombre de Madre Vieja, en la jurisdicción de Guantánamo. De allí, envían un mensaje al Coronel Pedro A. Pérez —jefe de toda la región— y esperan su respuesta. El campesinado, casi en pleno, no sólo les protege, guía y alimenta, sino que incorpora a la tropa a muchos de sus miembros. Una muestra fehaciente de esta actitud es la llegada dominical de

---

[61] Ibídem, p. 168.
[62] Martí, José. *Diario de Campaña. Ob. Cit.* p. 15.

Luis González —veterano de la Guerra Grande—, que ahora viene acompañado de un hermano, un hijo y un sobrino. Estaban disfrutando el mejor almuerzo de la ardua caminata cuando llegó Luis. Él había deseado de aperitivo un panal de miel de abejas que ya lo traía engolosinado. No había terminado de saborearlo cuando desplegaron encima de una yagua un puerco asado en púa, rodeado boniatos. Apenas se habían llevado a la boca el primer bocado cuando «[...] sale por la vereda el anciano negro y hermoso [...] Luis me levanta de un abrazo». —A buen tiempo, le dicen a coro, buscándole espacio en la mesa grande, donde se anima la conversación. En un claro mantel se pone el casabe blanco que trae González, pero con las primeras palabras se opaca la alegría en todos los rostros «¡Qué triste noticia!, ¿será verdad que ha muerto Flor?, ¿el gallardo Flor?». Luis no afirma absolutamente el comentario que ha llegado a sus oídos, aunque era la dura verdad desde el 10 de abril. Al día siguiente se les confirma la noticia con dramáticos detalles: «Juan llegó, el de las escuadras, él vio muerto a Flor, muerto, con su bella cabeza fría, y su labio roto, y dos balazos en el pecho».[63]

La tarde del domingo, 21 de abril, están en Madre Vieja, donde pueden descansar al menos dos días. Allí él conversó mucho con Luis González, con su hijo Magdaleno y con otros hombres sencillos del campo cubano, de los que el sensible escritor ofrece hermosas pinceladas que pasan a la posteridad,

[63] Ibídem, p. 21.

inscribiéndolos en la historia. Así ocurre con Luis, de quien nos deja una rica descripción en su *Diario*: «Bello, el abrazo de Luis, con sus ojos sonrientes, como su dentadura, su barba cana al rape, y su rostro, espacioso y sereno, de limpio color negro [...] De paz del alma viene la total hermosura a su cuerpo ágil y majestuoso».

Aquella tarde incorpora nuevos conocimientos a los que viene adquiriendo sobre el valor medicinal de las plantas cubanas, transmitidos por quienes tienen el aval de estarlas consumiendo desde antes de nacer, como único remedio de su entorno. El Apóstol lo apunta, conservándolo todo, «vi hoy la yaguama, de hoja fénica, que estanca la sangre, y con su mera sombra beneficia al herido». Le explican el procedimiento: machacar bien las hojas y meterlas en la herida, con eso basta. Aprende igualmente algunas mañas para las caminatas oscuras de la sierra, usadas en las noches sin luna. Fue el viejo Luis quien le explicó «el modo de que las velas de cera no se apagasen en el camino, y es empapar bien un lienzo, y envolverlo apretado alrededor».[64] Cuántas cosas sabe Luis, quien al caer la tarde se va al pueblo, y vuelve por la noche con nuevas provisiones.

Al día siguiente, junto a algunos compañeros, disfruta de un buen baño en el ancho Sabanalamar, donde, a su vez, lava su ropa azul, que tanto ha sudado en el arduo lomerío. La alegría —sólo empañada con la muerte de Flor— y el orgullo con que mira a la naturaleza y a los hombres, hacen sus fuerzas inagotables. Al Generalísimo, a su lado, seguía im-

---

[64] Ibídem, p. 19.

presionándole el comportamiento de alguien que se comportaba tan por encima de lo que aparentaba su físico. Sobre este domingo, también dejó en su *Diario de campaña* una magnífica impresión: «Martí, al que suponíamos más débil por lo poco acostumbrado a las fatigas de estas marchas, sigue fuerte y sin miedo».[65]

[65] Gómez, Máximo. *Ob. Cit.* p. 279.

*Dibujo del caballo de José Martí, realizado por Armando Menocal.*

## 28 DE ABRIL
### Corre aire heroico

Este domingo tiene los pies más descansados, no así las manos, que llenan decenas de cuartillas. El día antes llegaron al campamento de Vuelta Corta, en Filipinas, en lo que fue para él su primera marcha a caballo. En Arroyo Hondo, el jueves, oyó de cerca los primeros fuegos de la guerra y abrazó a José Maceo, quien enseguida le regaló un hermoso caballo moro-blanco, de buena alzada y mejor brío. Desde verlo lo llamó Caonao, nombre de tanto significado en la resistencia indígena al conquistador español y de la misma Quisquella que vino Hatuey. Entonces comenzó una nueva experiencia para él, derivada de la guerra en que está: ver las carnes rotas por el plomo, la sangre borbotando, la muerte en el cuerpo de los hombres, como en el de Arcil Duverger, a quien «le entró la muerte por la frente». Es el día en que sus manos se estrenan de enfermero en la piel abierta de los heridos, a los que aplica yodoformo, con algodón fenicado, pero más que nada, con el cariño puro que encierra el secreto de la curación.

Fue para él muy útil el encuentro del 25 de abril, empañado sólo por la muerte de Duverger. Allí supo de las operaciones que muy cerca —de lugar y tiempo— preparaba Antonio Maceo; apreció con sus ojos a jefes negros servidos con devoción por ayudantes blancos —«¿quién dijo que era esta una guerra de razas?», escribió—; encontró a Rafael Portuondo, dirigente de la nueva generación y representante del Partido Revolucionario Cubano en Santiago de Cuba. A Carmen Miyares, en carta del viernes, se lo cuenta: «Ahora escribo en la zona misma de Guantánamo, en la seguridad y alegría del campamento de los trescientos hombres de Maceo y Garzón [...] Y ¿quién creen que vino al escape de su caballo a abrazarme de los primeros, todavía oliendo al fuego de la pelea? Rafael Portuondo, que desde ayer no se aparta de mí».[66] Con la familia santiaguera de Portuondo Tamayo él había compartido buenos momentos en Nueva York y ahora Carmen transmitiría a Rita —la madre de Rafael— esta buena noticia.

Este domingo fue de mucho escribir, culminando las páginas que llenaba desde dos días antes. Entre las que corresponden a este día se destaca una importante circular llamada «Política de la guerra». Desde el primer párrafo reafirma las ideas que había expuesto en el Manifiesto de Montecristi y en otras circulares precedentes: La guerra debe ser generosa y no ha de reflejar odio al español. Ello no significa blandura, sino grandeza. Con el enemigo, español o cubano, ha de ser inflexible la revolución; pero «a los cubanos tímidos y a los que más por cobardía que por maldad, protesten contra la Revolución, se les responderá con energía a las ideas, pero

---

[66] José Martí. *Epistolario*, tomo V, p. 178.

no se les lastimará las personas, a fin de tenerles siempre abiertos el camino hacia la Revolución».[67] Qué profundo sentido del cuidado a la unidad, aún en guerra, cuando por lógica se es más severo frente a los que no comparten la política establecida. Es asimismo enaltecedor el tratamiento que propugna para las fuerzas revolucionarias: no es la imposición irrazonada la garantía de la disciplina, sino el respeto al decoro del hombre, que es lo que da «fuerza y razón al soldado de la libertad». La generosidad no significa, en ningún caso, la contemplación suave frente a conductas que tiendan a la traición; este delito —como señaló dos días antes en otra circular— será castigado sumariamente, «con la pena asignada a los traidores a la Patria».

Ese día escribe una carta al Sr. William Kilpatrich, dueño de una línea de vapores que realizaban viajes entre Guantánamo y los Estados Unidos. Debió conocer algunas manifestaciones de simpatía hacia la causa cubana venidas de este hombre, para escribirle en los términos que lo hace, aun cuando expresa desconocer la real disposición y posibilidades que tiene para la empresa que pide de él «¿Podría usted traer inmediatamente [...] una provisión de armas y municiones entregadas en los Estados Unidos? [...] ¿Podría usted traer gradualmente unas pocas en cada vapor?»[68]

Antes de plantearle estas interrogantes, le ha explicado la discreción del procedimiento. En Estados Unidos el único contacto será Gonzalo de Quesada

[67] Ibídem, p. 183.
[68] Ibídem, p. 188.

o Benjamín Guerra, cuya dirección le da a conocer. En Cuba, Sebastián Oney, dueño en Arroyo Hondo de la hacienda Magdalena. Pienso que a Sebastián debió conocerlo a su paso por aquel lugar y probablemente es quien indicó esta perspectiva. No parece que se derivaran resultados de este propósito, pero evidencia su incansable búsqueda de vías para la entrada de recursos del exterior, hecho que le obsesiona en su tiempo de guerra.

Otro desvelo expresado este domingo se relaciona con la convocatoria a la Asamblea de Delegados para la formación del gobierno de la República en armas. A Carmen le dice este 28 de abril que dentro de dos días volverá al camino «a seguir ordenando, como aquí, [...] a recorrer el Oriente entero, cubierto de nuestra gente, y deponer ante sus representantes nuestra autoridad, y que ellos den gobierno propio a la República».[69] Considero que para entonces Martí preveía la posibilidad de formar el gobierno, a más tardar a fines de mayo, mediante una Asamblea que sería reunida en la zona de Manzanillo y representada por delegados procedentes de todas las regiones orientales incorporadas a la guerra. Más adelante, al incorporarse Camagüey y las otras provincias del país, el gobierno se iría adecuando a las circunstancias nacidas de la extensión armada. Sólo así tienen sentido diversas expresiones martianas de esos días, sobre todo, la carta a Félix Ruenes fechada el viernes 26: «Invitamos a Ud., pues, formalmente a cumplir este deber supremo, enviando desde ahí enseguida a Manzanillo, don-

---

[69] Ibídem, p. 192.

de a la fecha se halle el general Bartolomé Masó, el representante que los cubanos revolucionarios de Baracoa envíen a la Asamblea de Delegados que allí se reunirá».[70]

Este domingo cree en esa posibilidad, animado por sus conversaciones —directas o epistolares— con los más grandes dirigentes revolucionarios. La comprensión con que lo escuchaban al hablar de las fórmulas político organizativas de encabezar la Revolución, mucho ayudaba a hacerle la felicidad con que termina este día. A Carmen se lo escribe: «Son las nueve de la noche, toca a silencio la corneta del campamento, y yo reposo del alegre y recio trabajo del día escribiendo...»

---

[70] Ibídem, p.170.

*Imagen de José Martí en los días de la guerra, tomada de la página www.blogs.monografías.com/cultura-Cuba*

## 5 DE MAYO
### El país, con toda su dignidad representado

Uno de los grandes deseos que tuvo José Martí desde que llegó a Cuba por Playitas, vino a cumplirla este domingo: reunirse con Antonio Maceo, a quien no veía personalmente desde hacía casi un año, cuando fue a visitarlo a Costa Rica. Sin embargo, la alegría que tenía reservada para tan gran momento, fue abruptamente cercenada. Con algunas prevenciones que apartaba, venía ya luchando su cerebro. Le escribió al Titán desde que llegó a Arroyo Hondo, esperando encontrárselo pronto. Volvió a escribirle el tres de mayo, lamentándose de perderse su abrazo, que aquel no propiciaba con la explicación de unas urgentes operaciones. ¿Era posible que el General oriental le restara importancia a una reunión con él y Gómez, cimeros líderes, político y militar, de aquella empresa libertadora? Para Martí ese encuentro era vital, por la necesidad de unificar los principales criterios en torno a la organización revolucionaria, esencialmente en lo relacionado con la formación del gobierno. Con Gómez venía ya de pleno acuerdo, pero el peso que tenía la opinión de Maceo nunca la hubiera él desestimado.

Como el día tres parece que no va a ser posible la reunión con el prestigioso general oriental, le anota su pensamiento político organizativo: «Ante la Asamblea depondré, ya en esta nueva forma, la autoridad que ante ella cesa. Y ayudaré a que el gobierno sea simple y eficaz, útil, amado, uno, respetable, viable».[71] Está claro que únicamente ante una Asamblea —nunca en una Junta de Generales—, él depondrá la autoridad de máximo dirigente político de la revolución, que lo es en tanto Delegado del Partido Revolucionario Cubano, pero cuyo órgano no está concebido para la dirección de la guerra. En esa carta le dice que «va la citación». Pienso que, al igual que hizo con Ruenes —y que debió hacer con otros jefes— se trata de la convocatoria a que sea enviado un representante de ese cuerpo —en nombre de la región— hacia la zona de Manzanillo, donde entonces cree posible la importante reunión constituyente. Probablemente la lectura de esta nota estimuló a Maceo a decidirse a la reunión con él y Gómez. No sólo porque le pareció precipitada la convocatoria —muy enseguida, le puso Martí— sino porque a su elección dejaban un solo delegado.

Desde el amanecer de ese domingo, Martí sabía que en breves horas estaría al lado del General Antonio Maceo. Sale temprano de Jarahueca, con toda la tropa, al lado de Gómez, José Maceo y Victoriano Garzón, cabalgando a buen trote mientras el sol va escalando. En medio de la marcha, sorpresivamente, aparecen unos jinetes. Entre ellos, en un caballo dorado, en traje de holanda gris, se distingue la es-

[71] Ibídem, p. 227

tampa elegante del Héroe de Baraguá, quien no ha esperado en su campamento —como anunció— y salió a alcanzarlos al camino. Dice que no seguirán hasta donde acampa su tropa, pues la reunión está prevista en el ingenio azucarero La Mejorana, muy cerca de donde están.

Al llegar a la casa del ingenio, todo parece fiesta a los ojos de los heroicos visitantes: el rostro de la gente, las voces que se juntan, el mandato del amo: «maten tres, cinco, diez, catorce gallinas», el seno abierto de una mujer que pasa ofreciendo aguardiente, el toque de los vasos llenos de vermouth en cada brindis, pero el encanto de él se desvanece cuando Maceo y Gómez hablan bajo, como evitando ser oídos. Y se acaba de romper cuando «me llaman a poco, allí en el portal: que Maceo tiene otro pensamiento de gobierno: una junta de los generales con mando, por sus representantes, y una Secretaría General». La fórmula maceísta se asoma discrepante, sin correspondencia con lo ya discutido entre ellos en Costa Rica, o subrayado epistolarmente en más de una ocasión. La inesperada actitud de Maceo abría un peligro inmenso —mucho más grave por venir de quien venía—, que Martí sintetiza en una frase que nos dejó en su Diario: «La patria, pues, y todos los oficios de ella, que crea y anima al ejército, como secretaría del ejército». En el portal, o en el cuarto donde siguen la difícil discusión, él no cede ante la estatura de Maceo, lo que no cedería ante nadie. «Mantengo, rudo: el Ejército libre, —y el país, como país y con toda su dignidad representado».

Fue una suerte enorme para el Apóstol contar con el apoyo de Máximo Gómez, cuya actitud debió resultar sorprendente para el jefe oriental. Los dos viejos generales se estimaban y respetaban sin reservas. Juntos habían sufrido en la guerra anterior los daños que la cámara civil había causado a sus operaciones militares. Pero, no en vano, José Martí llevaba tres meses al lado del gran dominicano, quien firmó a su lado el Manifiesto de Montecristi, donde se explica: «Desde las raíces se ha de constituir la Patria con formas viables, y de sí propia nacidas, de modo que un gobierno [artificial] sin realidad ni sanción no la conduzca a las parcialidades o la tiranía».[72] Maceo no había tenido el privilegio de conocer, tan al detalle como Gómez, el proyecto de gobierno martiano, pero aun así, exageró su suspicacia al tratar al Delegado del Partido Revolucionario como a un representante de un gobierno leguleyo.

Martí pudo creer que en aquella acritud influyó alguna cuota de resentimiento personal, nacido de la decisión —suya y de Gómez— de que Flor Crombet condujera la expedición de Costa Rica. Lo anota en la página del Diario: «lo quiero —me dice— menos de lo que lo quería, por su reducción a Flor». Al final, en posiciones enfrentadas, Maceo cedió. Pero entonces reclamó un derecho que no poseía: ser él quien enviara a los delegados de todas las zonas de operaciones de Oriente: «No quiere que cada jefe de operaciones mande el suyo, nacido de su fuerza: él mandará los cuatro de Oriente». Y esto lo dijo con el tono más hiriente que encontró: «[...] dentro de 15 días estarán con ustedes y serán gentes que no me las pueda enredar allá el doctor Martí».

[72] Martí, José. *Obras Completas*, tomo 4, p. 99.

Fue el único domingo amargo para el Apóstol durante la campaña. Al atardecer, la despedida fue muy tensa. Ese «por ahí se van ustedes» que él entrecomilla en su *Diario*, demasiado se parece a un mandarse al carajo. Aunque sus tropas están cerca, Maceo arranca hacia ellas sin invitar a verlas. Gómez y Martí, ahora sin las fuerzas de José —que siguió a su hermano—, se alejan de la Mejorana con pocos hombres, en silencio y «sin rumbo cierto, a un galpón del camino». Allí pasan la noche «como echados, y con ideas tristes, dormimos».[73] Por suerte, al día siguiente se vuelven a encontrar, inesperadamente. Entonces Maceo, disculpándose, los lleva hasta su tropa, impecablemente formada. Esta fue la imagen que se prendió en el pecho limpio de José Martí y la que puso en carta a Carmen tres días después: «Qué entusiasta revista la de los tres mil hombres de a pie y a caballo que tenía a las puertas de Santiago de Cuba [...] ¡Qué lleno de triunfos y de esperanza Antonio Maceo!»[74] ¡Cuánta grandeza, a esa hora, en el abrazo de los tres!

---

[73] Martí, José. *Diario de Campaña*. Ob. Cit. pp. 51-55.
[74] José Martí. *Epistolario*, tomo V, pp. 233-234.

Imagen de José Martí sin bigotes. Reconstrución realizada por Jorge Echenique y Luis Rodríguez (Noa), basándose en una fotografía tomada a José Martí en 1894.

## 12 DE MAYO
## De mí, todo lo que ayude a fortalecer y ganar la pelea

Todavía el rocío de la noche —enriquecido con la humedad de la lluvia constante— está vivo en la hierba verde de la Travesía, cuando José Martí sale al potrero a ponerle el freno a su caballo. Entre todos los que levantan la cabeza con la aproximación de sus jinetes —alazanes, negros, zainos—, su blanco cenizo sobresale en estampa, sacándole a los de al lado una cuarta de alzada. Algunos se espantan, no el de él, que tiene en los ojos el brillo de saber que se completa en su jinete. Para el Maestro no es un lomo de estreno, pues una esquina de campo cubano —en Hanábana de Caimito— lo había visto pasar, con nueve años, en un corcel embridado. Montó en Norteamérica, en América Central y en el Caribe, pero ningún caballo —ni siquiera el brioso dominicano que le prestó en Dajabón su amigo Toño Calderón—, era como éste; ni para el animal, que otros cabalgaron, nació otro montador semejante.

 La de este domingo fue una marcha entre ríos: desde el canto del Cauto hasta el rumor del Contramaestre, cuyo curso atraviesan y siguen, hasta su juntura con aquel, que lo remontan, ya solo, hasta la casa de la Jatía. Con el trotar y una breve galopada —hay unos tres kilómetros entre Travesía y Dos Ríos— se fue el primer pedazo de la mañana. En los momentos de apareo, Martí y Gómez siguen hablando de la abundancia de reses en estos pastos, pero les crece la inquietud al apreciar su traslado en lotes a las ciudades, sin ser interrumpida esta maniobra. Ya el día antes Gómez increpó a Rosalío Pacheco, peleándole porque los que deben prohibir ese trasiego lo están autorizando con la explicación de que el General Jesús Rabí lo aprueba.

Justamente a casa de Pacheco —que es Prefecto de Dos Ríos— llegan esa mañana. Rosalío ha llegado primero, a esperarles. Lo ven parado en la talanquera, con su cuerpo pequeño y macizo, orgulloso de la visita que este domingo deparaba a su casa: nada más y nada menos que José Martí, el Delegado del Partido Revolucionario Cubano, a quien en todos estos campos reconocen, con el olfato limpio de la sabiduría popular, como al Presidente de la República que está al nacer; y Máximo Gómez, el General en Jefe del Ejército Libertador, cuyo nombre ha sido la más apasionante leyenda desde Pinos de Baire, allá en el sesenta y ocho. Aquí los dos, ahora, con el sombrero en la mano, están saludando a los hijos enmudecidos, y a su mujer. La pluma generosa del Maestro también nos regaló el momento. «[...] aquí tienen a mi señora», dice el marido fiel y con orgullo: allí está, en su túnico morado, el pie sin medias en la pantufla de flores, la linda andaluza, subida a un poyo, pilando café». El poeta, gran buceador de almas, le descubre en los ojos una pena, detrás de la sonrisa. El motivo, al oírlo, le emocionó: quieren enviarla a Guantánamo, donde viven unas hermanas del esposo, para apartarla con los hijos del peligro de la guerra; pero ella dice que quiere estar «donde esté Rosalío». Al mirarla —mientras comía el queso que ella ha brindado en «en lonjas de a libra»—, una leve humedad en sus ojos reflejó quien sabe qué profundas analogías entre la grandeza de esta campesina y la esposa suya, la madre de su hijo, que un le dejó solo en Nueva York, llevándose a su hijo.

Vuelven a dejar los taburetes por las monturas, para acabar de cumplir la jornada del día. Pasan el Contramaestre, siguen su curso, atraviesan la Vuelta Grande y al poco, observan la unión de los dos ríos: impresiona a Martí el bello estribo de copudo verdor. Lo anotará en la página del día siguiente, cuando lo vuelve a ver. Un poco más de camino y a un lado de los grandes potreros, donde la yerba agradece la llegada de la primavera, se levanta la casa buena, de cedro, y de corredor de zinc. Están en la Jatía. Desmontan de los estribos y comienzan a amarrar las hamacas. La suya se arma en el cuarto que da para el río, y desde ella comienza a escribir las preocupaciones de esa tarde de domingo.

Por un lado, urge detener el traspaso de ganado a la ciudad. Con ese fin escribe una circular destinada a los jefes y oficiales de la comarca de Jiguaní. El jefe de ella es el General Jesús Rabí, pero a la sazón se encontraba de operaciones con las fuerzas de Antonio Maceo, ya entrados en territorio de Guantánamo. Las órdenes, que no pueden esperar, son las siguientes:

1ro. que se impida en absoluto el pase de reses, y de cualesquiera otras provisiones de boca, a los poblados, ciudades, o campamentos enemigos.

2do. que se prenda, y lleve a la presencia del General Jesús Rabí para juicio a quien quiera que preste o pretexte autorización de él, o de cualquiera en abuso de su nombre, para el pase de reses o cualesquiera otras provisiones de boca».[75]

Martí, muy cuidadoso de la autoridad de los jefes y velando porque su sensibilidad no fuera alarmada, escribe a Rabí explicándole los razonamientos que motivaron la circular, considerándolo, por su veteranía y capacidad, conocedor del daño de esas acciones, que le atribuye a su ausencia, no a su autorización.

Otra preocupación de ese día es el de la necesaria comunicación con Bartolomé Masó. Precisamente para una reunión con él es que están aquí. Considero que entonces Martí ha modificado su proyección de reunir la Asamblea a fines de mayo, en la jurisdicción bajo el mando de este jefe y en ello pudieron pesar dos razones: primera, la oposición que encontró en Maceo; segunda, conocer —después de la Mejorana— que se había levantado el Camagüey. Ahora creía oportuno reunir la Asamblea allá, después de una conferencia con Salvador Cisneros Betancourt, a quien también le escribe este domingo. Pero antes de marchar al centro de la isla, había que discutir estas proyecciones con el General manzanillero, de tanta autoridad en el pensamiento civil de la Revolución. Sin embargo, ahora saben que Masó anda por las tierras que dejaron atrás, y le escribe para que venga, pues «es imposible seguir camino sin verle».[76]

[75] José Martí, José. *Epistolario.* tomo V, p. 235.
[76] Ibídem, p. 238.

Después escribe a Antonio Maceo y es suerte que estas líneas hayan dejado a la posteridad los sentimientos que el Apóstol conservó hasta el final para el héroe magnífico. Sin ellas, los hipotéticos desahogos que contra su opositor de la Mejorana se atribuyen al Maestro, —aludiendo a las páginas perdidas de su *Diario de campaña*, correspondientes al 6 de mayo—, habrían sido no sólo más abiertos, sino, también, menos objetables. En cambio, con cuanta sencillez le pide el día 12 que vea en él lo que realmente quiere ser: «un peleador: de mí, todo lo que ayude a fortalecer y ganar la pelea».[77] ¡Y con qué gran sinceridad va para Antonio Maceo el abrazo de su amigo José Martí!

Todavía una carta más, por el mismo conducto. Es para Rafael Portuondo, abogado de la nueva generación y al lado del Titán. Es sólo un párrafo, pero en él, en tres voces, está el pensamiento de la Revolución: «peleen, y piensen».[78]

Al fin él pudo descansar y conversar con los hombres que le acompañan. Sonríe ante el contento de los que andan con sus hijos: «con los tres suyos está Teodosio Rodríguez, de Holguín: Artigas trae el suyo: con los dos suyos, de 21 y 18 años, viene Bellito», escribe en el *Diario*. El suyo, de diez y siete años, ¿dónde estará? La humedad oscura que se filtra por las hendijas le obliga a arroparse en la frazada, conjurando también el frío del alma, mientras a su hamaca llega el rumor del río como un canto a la naturaleza, a los hombres, al futuro. El sueño llega lento y puro, mecido en el placer del sacrificio.

[77] Ibídem, p. 239.
[78] Ibídem, p. 240.

*La muerte de Martí en Dos Ríos,* de Esteban Valderrama, *1939.*

## 19 DE MAYO
### En peligro de dar mi vida

El domingo, 19 de mayo de 1895, José Martí madrugó con el contento de saber que este largo campamento se estaba terminando y al fin podría seguir hacia las tierras de Camagüey. Amaneció más protegido que nunca; al otro lado del río, en Vuelta Grande, está Bartolomé Masó con unos trescientos hombres armados. Llegaron a la Bija al oscurecer del sábado y siguieron hasta allá procurando más amplitud para ellos y sus caballos.

Desde el lunes estaba él en la Bija, en la casa campamento de Rafael Pacheco. La razón de tan demorada estancia —en días de continuos movimientos— se explica por la necesidad de reunirse con Bartolomé Masó. Éste se había desplazado hasta Sabana Hato del Medio, cumpliendo una citación de Antonio Maceo para una concentración de fuerzas que al final fue suspendida; pero cuando Martí y Gómez pasaron por aquel lugar, suponían al General manzanillero en sus propios predios. El día 12, al saber su destino, enviaron cartas desde la Jatía diciéndole donde le esperaban. Tres días después —y con dos en la Bija, lugar más resguardado— como no llegaban noticias del hombre de Bayate, vuelven sendas cartas del General y el Delegado, reiterándole la urgencia del encuentro: «Para seis días va ya que andamos buscándolo [...] en estas tierras de donde creímos que andaría cerca».

Claro que en la espera, Martí le sacó al tiempo todo el provecho que acostumbraba. Escribió la extensa «Circular A los Jefes y Oficiales del Ejército Libertador», donde se ajustan medidas, comportamientos, principios, que tal vez no se habían elaborado antes porque se preveía un más pronto Gobierno que se ocupara de ello. Pero al ser alejada esa aspiración constitutiva, se tornaba imprescindible fijar en una Circular la política de la guerra. El resto de la semana, a más de las ocupaciones cotidianas de campamento —con el placer del baño en el Contramaestre—, el Maestro y sus ayudantes —Feria, Garriga— estuvieron reproduciendo este documento que debía salir para los diferentes jefes y oficiales.

El sábado 18 fue un buen día, cuyas impresionnes no tuvo tiempo de escribirlas en el *Diario*. Seguramente iba a hacerlo cuando terminara la carta a su amigo Manuel Mercado y ni ésta pudo concluir, penosamente. No sólo porque en ella hace pronunciamientos ideológicos concluyentes, como para considerarla su testamento político, si no también por contener confesiones que esclarecen sus próximos pasos programados. Ella presta un servicio útil para desviar apreciaciones inventadas en relación con la presencia del Apóstol en Dos Ríos, como quienes aseguran que él ya estaba concluyendo su participación física en el escenario de la guerra, o quienes buscan en los acontecimientos del 19 de mayo el desenlace de un Vía Crucis predestinado. Sin embargo, en esa carta inconclusa él afirmó con claridad que, después de la entrevista con Masó, seguiría el camino hacia el centro de la isla.

Todo lo que habla del viaje que le esperaba —que ya le ha anunciado al Marqués desde la Jatía—, tiene que ver con la formación del gobierno, porque valora la posibilidad de que a fines de julio ya estén creadas las condiciones para la reunión de la Asamblea Constituyente. Por ello dice al hermano mexicano: «Puede aún tardar dos meses, si ha de ser real y estable, la constitución de nuestro gobierno».[79] Iba a extenderse en la carta a Mercado, a quien no le escribía hacía mucho tiempo. Ya le iniciaba confesiones más íntimas, «puesto delante lo de interés público», cuando la pluma se levanta de la palabra «honestidad», ante el sonido de una caballería. La alegría no le dejó terminar la frase, pues, al fin, ¡viene llegando Bartolomé Masó!

También fue buena la noche. Tanto sabía el Maestro de Masó que, al abrazarlo, es como si lo conociera de toda la vida. Conversaron, de taburete a taburete, en el bohío campesino de la Bija, alumbrándose con velas la primera parte de la noche. Después de un diálogo que mostró mucha comprensión, el ilustre manzanillero volvió a su montura para llegar a la Vuelta Grande, en la otra orilla del río. Al despedirse de Masó, no tuvo calma ni tiempo para volver a la escritura. Se acostó un poco. Todavía los gallos de Dos Ríos estaban durmiendo cuando él, a orillas del caballo ensillado, sacó una hoja de las alforjas de la

---

[79] Ibídem, p. 251.

montura para que alguien corriera a Gómez con la noticia: «Como a las 4 salimos, para llegar a tiempo a La Vuelta a donde pasó desde las 10 la fuerza de Masó. [...] No estaré tranquilo hasta no verlo llegar a Ud».[80]

Al mediar la mañana estaba tranquilo y eufórico. Gómez lo anotó en su *Diario*: «Pasamos un rato de verdadero entusiasmo [...] Martí habló con verdadero ardor y espíritu guerrero». A un lado se abre la inmensa plaza de hierba verde, al otro la floresta copiosa donde se desborda la corriente del Contramaestre, que se apacigua en la curva, como silenciándose ante la voz que se desgrana en la tribuna telúrica de sus márgenes; en el cielo unas nubes se van haciendo más negras mientras se acercan, en el instante en que algo más de trescientos hombres aplauden una voz nunca oída —el Apóstol diciendo que él iba hasta la cruz por la libertad de los hombres y la patria—. A Manuel Piedra Martel, que estaba oyendo, le pareció ver «a Moisés en el desierto, guiando a los judíos hacia el país de Canaán y trasmitiéndoles los Diez Mandamientos escuchados en las teofanías del Sinaí».[81]

El fuego del sol, buscando el cenit, estaba en el pecho de los hombres, que cambian las miradas de Martí a Gómez, a Masó, a Borrero y otra vez a Martí, cuando avisan que a Dos Ríos estaba entrado una tropa española. El temperamento del Viejo —a casi veinte años de su último combate— fue más rápido

---

[80] Ibídem, p. 253.
[81] Piedra Martel, Manuel. *Mis primeros treinta años*. Editorial Minerva. La Habana, 1944, p. 149.

que su cerebro de jefe militar. Al trueno de su voz, los hombres saltaron a unos caballos que fueron puestos a galope; pero a los pocos kilómetros todos comprendieron que la tropa española no estaba de este lado del río, donde habrían dado una magnífica oportunidad para una carga de la caballería mambisa.

A esa hora, una columna española, bajo el mando del Coronel José Ximénez de Sandoval, ha avanzado por el camino de Remanganaguas hasta llegar a Dos Ríos. No era éste su destino, pero fueron atraídos por la sustanciosa información de que aquí acampaban, con poca gente, los más grandes jefes insurrectos. Se proponían almorzar en las cercanías de la casa de Rosalío Pacheco, cuando oyeron que al pelotón de avanzada —situado en el camino hacia la Bija y bajo las órdenes del Teniente Vicente Sánchez de León— se le echaron encima a tiros y a machete. Entonces se prepararon bien en escalones oblicuos, cubriendo todos los caminos, incluido el pequeño trillo del paso del Salvial, usado por Rosalío y los vecinos para cruzar el río Contramaestre.

Máximo Gómez no sabía la ubicación exacta del enemigo, ni cuantos eran; pero a él nunca le importó si las fuerzas contrarias triplicaban las suyas para atacarlas y vencerlas. Cuando llegó al paso de Dos Ríos, vio que su vanguardia eludió la creciente, buscando un paso mejor. Pero él lanzó su alazán a la chorrera, seguido por el Estado Mayor y un grupo de valientes. ¡Allí iba José Martí! Lo testimoniaron los que lo vieron: Gómez —aun cuando sus versiones son varias y contradictorias—, Dominador de la

Guardia, Marcos del Rosario, Manuel Piedra Martel, Enrique Céspedes Romagoza, Masó Parra y el mismo Ángel de la Guardia, su último compañero.

Cuando llevaban poco más de un kilómetro de este lado del río, chocaron, al llegar a una cerca de alambres, con la avanzada enemiga. La destrozaron. Unos españoles caen, otros huyen. Entonces el Generalísimo, en el ardor de la primera arremetida victoriosa, da las primeras órdenes tácticas para el combate: A Paquito Borrero, que con unos hombres avance por el flanco derecho, pegándose al río. Él se abrirá por el extremo izquierdo. Piensa en esos dos costados y en la retaguardia del contrario para atacar. Masó y los suyos entrarán de frente. En aquel instante, al mirar a Martí transfigurado en soldado, pudo darle la orden incontrolada de quedarse detrás, como confesó más de una vez. Y antes de apretar las espuelas, pedirle al soldado que vio más cerca —era Ángel de la Guardia—, que no se separara del Mayor General.

El caballo estuvo un instante detenido, como esperando el aviso de su jinete. ¿Cómo iba a cumplir la orden, si es que la oyó? Era la hora de combatir. Miró al soldado bizoño, sin saber que también era maestro y para quien, igualmente, era su primer combate: «Vamos a la carga, joven», fueron las palabras de invitarlo a la pelea, según confesó Ángel, quien moriría heroicamente el año siguiente. Tal vez pensó que cortando camino por una línea más recta podría encontrarse con el grupo de Paquito. Al galope, se acercó a la casa de Rosalío y atravesó la talanquera, seguido de Ángel. Volvió a espolear, aflojando las bridas. A un lado parecía temblar la piel cuarteada de un dagame, al otro se mecen los gajos de una jatía y al dejar esos árboles detrás, los maniguazos que bordean el paso del Salvial le ocultan el peligro. Las nubes se quiebran con un rayo de sol, envueltas en el relámpago de un rayo adelantado, cuando él sintió el fuego rompiéndole la voz, la garganta, el pecho y finalmernte la pierna, incapaz de aguantar su caída en la tarde más triste de Dos Ríos.

*Monumento a José Martí en Dos Ríos.*

# Bibliografía

Abad, Diana. «José Martí y la elección del General en Jefe». En: Universidad de La Habana, La Habana, No. 221, septiembre-diciembre, 1985.

Callejas, Bernardo. «Máximo Gómez y José Martí: historia y literatura de campaña». En: Revista Santiago, Santiago de Cuba, No. 57, marzo, 1985.

Cartaya López, Gabriel. *Con las últimas páginas de José Martí*. Santiago de Cuba, Editorial Oriente, 1995.

_____ *El lugar de Martí en 1895*. Ediciones Bayamo, 2001.

Castellanos, Gerardo. *Los últimos días de Martí*. La Habana, Ucar, García y Cía. 1937.

Escobar, Froilán. *Martí a flor de labios*. La Habana, Editora Política, 1991.

Franco, José Luciano. *Antonio Maceo. Apuntes para una historia de su vida*. La Habana, Editorial de Ciencias Sociales, 1975.

García Domínguez, Bernardo. *El pensamiento vivo de Máximo Gómez*. Santiago de Cuba, Ediciones CEDEE, 1992, tomo 2.

Gómez, Juan Gualberto. *Por Cuba libre*. La Habana, Editorial de Ciencias Sociales, 1974.

Gómez, Máximo. *Diario de Campaña*. La Habana, Instituto del Libro. Ediciones Huracán, 1968.

Gómez Toro, Francisco. *Papeles de Panchito*. Selección, prólogo y notas de Bladimir Zamora. La Habana, Editora Abril, 1988.

Hidalgo Paz, Ibrahín. *José Martí. Cronología.1853-1895*. La Habana, Editorial de Ciencias Sociales, 1992.

Ibarra, Jorge. *José Martí, dirigente político e ideólogo revolucionario*. La Habana, Editorial de Ciencias Sociales, 1978.

Mañach, Jorge. *Martí el Apóstol*. La Habana, Editorial de Ciencias Sociales, 1992.

Martí, José. *Obras Completas*. La Habana, Editorial de Ciencias Sociales, 1975.

_____ *Epistolario*. Compilación, ordenación cronológica y notas de Luis García Pascual y Enrique H. Moreno Plá. La Habana, Editorial de Ciencias Sociales, 1993.

_____ *Diario de Campaña*. La Habana, Editorial de Ciencias Sociales, 1985.

Masó, Parra. «Carta a Juan Maspons Franco». En: Biblioteca Nacional «José Martí», No. 2, La Habana, 1972.

Méndez, Isidro. «Acerca de La Mejorana y Dos Ríos». En: Cuadernos de Historia habanera, La Habana, 1954.

_____. Martí. La Habana, Fernández y Cía. 1941.

Miró Argenter, José. *Crónicas de la guerra.* La Habana, Editorial de Ciencias Sociales, 1982.

Piedra Martel, Manuel. *Mis primeros treinta años.* La Habana, Editorial de Letras Cubanas, 1979.

Portuondo, Fernando. *Estudios de Historia de Cuba.* La Habana, Editorial de Ciencias Sociales, 1973.

Quesada y Miranda, Gonzalo. «La interrogante de Dos Ríos». En: Anuario de la Biblioteca Nacional «José Martí». La Habana, 1976, No. 6, p. 39-54.

Rodríguez Demorizi, Emilio. *Martí en Santo Domingo.* La Habana, Impresiones Ucar García, S.A., 1953.

Sarabia, Nidia. *Noticias confidenciales sobre Cuba.* La Habana, Editora Política, 1985.

Toledo Sande, Luis. *Con el remo de proa.* La Habana, Editorial de Ciencias Sociales, 1990.

Valdés Domínguez, Fermín. *Diario de soldado.* La Habana, Centro de Información Científica de la Universidad de La Habana, 1972, tomo 1.

Zacharie de Baralt, Blanche. *El Martí que yo conocí.* La Habana, Editorial Pueblo y Educación, 1990.

## Documentos

Archivo Nacional de Cuba (ANC). Declaración Jurada sobre la muerte de Martí, de Enrique Céspedes Romagosa. Fondo: José Martí. Caja: 358, Expediente 31.

Made in the USA
Columbia, SC
04 May 2019